# Le CV et le dossier de candidature en allemand

Éditions d'Organisation
1, rue Thénard
75240 Paris Cedex 05
Consultez notre site :
www.editions-organisation.com

© Éditions d'Organisation, 2001
ISBN : 978-2-7081-2547-6

# Helmut KLOSE

# Le CV et le dossier de candidature en allemand

Éditions
d'Organisation

Pour Josefina

# SOMMAIRE

Introduction ................................................................. 9

PREMIÈRE PARTIE
Renseignez-vous sur le contexte de votre recherche
d'emploi dans l'espace germanophone

**Chapitre 1 – Votre compétence interculturelle,
atout majeur pour travailler en Europe** .................. 15

I –  Le droit à la mobilité dans l'espace économique
de l'Union Européenne ........................................... 17
II – Les compétences interculturelles ............................. 19

**Chapitre 2 – Vous voulez travailler
dans l'espace germanophone** ............................... 23

I –  Une aspiration partagée .......................................... 25
II – Un marché du travail très porteur .......................... 32

**Chapitre 3 – Renseignez-vous sur le marché du travail
en Allemagne et dans l'espace germanophone** ........ 35

I –  Quel secteur d'activité vous intéresse ? ...................... 37
   A. Ayez une vue d'ensemble sur les secteurs d'activité  37
   B. Zoom sur quelques secteurs porteurs ..................... 40

II – Les fonctions professionnelles ................................ 44
   A. Passez en revue les principales fonctions ............... 44
   B. Zoom sur quelques fonctions ................................ 47

III – Quelles entreprises recrutent à l'international ? .......... 53

IV – Ce que vous devriez savoir sur l'entreprise
qui vous intéresse ..................................................... 60

DEUXIEME PARTIE
## Menez activement votre recherche d'emploi

**Chapitre 4 – Etablissez votre profil personnel
et professionnel** ............................................................... 69

I – Quel est votre niveau d'employabilité ? ...................... 71
II – Quelles sont les attentes des employeurs ? ................ 72
III – Un exemple de bilan personnel ............................... 76

**Chapitre 5 – Choisissez l'offre qui vous convient** ........... 77

I – Utilisez la presse écrite ............................................. 79
    *A – Pour ses innombrables offres d'emploi* ............... 79
    *B – Pour y insérer votre demande d'emploi* ............. 88

II – Ayez recours aux médias électroniques
et à la candidature sur Internet ................................... 90
    *A – Les avantages de la candidature en ligne* ........... 90
    *B – Les sites emploi/de recrutement passés au crible* .. 93

III – D'autres voies de recherche sont à votre disposition .... 107
    *A – La candidature spontanée* ............................... 107
    *B – La candidature cursive, abrégée* ...................... 111
    *C – La recherche d'emploi par intermédiaires* .......... 111

**Chapitre 6 – Préparez votre dossier de candidature** ...... 115

I – Attachez la plus grande importance
à la présentation formelle du dossier ......................... 120

II – Préparez chacun des éléments du dossier ................. 126
    *A – La lettre de candidature ou de motivation* ......... 126
    *B – Le CV* ........................................................ 129
    *C – Les diplômes et attestations* ............................ 136

**Chapitre 7 – Préparez-vous à l'entretien** ..................... 137

I – Une préparation minutieuse est nécessaire ............... 140
    *A – Entraînez-vous en vous amusant* ...................... 142
    *B – Tenez compte de l'importance de la première
impression et du langage du corps* ..................... 145

II – Anticiper le déroulement probable de l'entretien ........ 147
    A – *Vous vous présentez* ............................................ 149
    B – *Vous répondez aux questions* ............................. 151
    C – *Vous posez des questions* .................................. 159
    D – *Votre comportement à la conclusion de l'entretien* . 163

III – Gérez l'après-entretien ............................................. 165
    A – *Utilisez votre protocole d'entretien* ................... 165
    B – *Pensez à la lettre de remerciement,*
        *indispensable en Allemagne* ............................. 166

## TROISIÈME PARTIE
### Utilisez votre boîte à outils
(Boîte à outils spécifique du candidat
à un emploi en espace germanophone)

**Chapitre 8 – La panoplie des questions** ......................... 171

I – Les questions auxquelles vous aurez à répondre ........... 174
    A – *Questions portant sur le poste*
        *et le choix professionnel* ................................. 174
    B – *Questions portant sur la formation* .................... 176
    C – *Questions portant sur le profil personnel* ........... 178
    D – *Questions portant sur l'environnement familial*
        *et social* .......................................................... 179
    E – *Questions en principe non admises* .................... 180

II – Les questions que vous pourrez poser ....................... 182
    A – *Questions portant sur l'entreprise*
        *et le poste à pourvoir* ..................................... 182
    B – *Questions pour conclure le premier entretien* ....... 184
    C – *Questions pour les deuxième et troisième entretiens* . 184

**Chapitre 9 – La correspondance des diplômes français
      et allemands** ................................................... 187

L'enseignement supérieur français :
ses cursus, filières et diplômes avec leurs correspondances
allemandes approximatives .......................................... 189

**En guise de conclusion – Petit memento
      de la procédure de candidature** ...................... 197

**Annexes**

1. Les principaux journaux de la presse germanophone ...... 209

2. Quelques exemples pour apprendre à décrypter
   les offres d'emploi ............................................. 216

3. Les verbes actifs à utiliser dans la lettre de candidature
   et au cours de l'entretien ..................................... 223

4. Glossaire trilingue de la recherche d'emploi ............... 225

5. Lexique trilingue de l'internet .............................. 230

6. La nouvelle orthographe ...................................... 237

© Éditions d'Organisation

# Introduction

Vous êtes germanophile et francophone, vivre et travailler à l'international, s'orienter vers une carrière à l'étranger fait partie de vos projets professionnels. Or, vos atouts pour une carrière internationale dans une entreprise germanophone sont vos connaissances de la langue allemande, vos affinités, vos liens avec le monde germanophone et l'intérêt que vous lui portez.

C'est pourquoi ce livre vous est destiné.

L'auteur s'est forgé aux deux cultures allemande et française, parfaitement bilingue, il pense et comprend les deux langues et cultures, ce qui explique le perpétuel va-et-vient entre deux façons de procéder, deux stratégies et deux cultures. Le parti pris de maintenir, de garder à chaque attitude, à chaque approche sa spécificité vient de cette double structuration.

Pourquoi cette approche ? Parce que vous vous trouvez dans une situation similaire.

Le demandeur d'emploi que vous êtes, le candidat *français* doit assimiler des procédures de candidature *allemandes* comme si elles faisaient partie de son environnement habituel. Il suivra tout au long de ce livre le développement des différentes séquences, cette interaction entre l'allemand et le français, cet éclairage mutuel des divers aspects d'une candidature. Il constatera une complémentarité au niveau des explications et analyses. Elle aura comme fonction d'assurer l'enchaînement dans la progression des séquences. Par moments, il y aura ce que l'on pourrait appeler des « traductions » ; mais cette redondance marquera le parallélisme entre les deux démarches.

De toute façon, ce qui est décrit en français se réfère à des pratiques allemandes et c'est là que réside un des paradoxes de votre situation : vous vous ferez Allemand tout en restant Français. Bien plus, le fait d'être Français sera un autre atout de votre candidature, une qualification relevant de votre compétence et communication interculturelles.

Die Zweisprachigkeit des Buches hat natürlich auch praktisch didaktische Gründe: Ihre sprachlichen Kenntnisse und Ihre Sprachfertigkeiten sind natürlich unterschiedlicher Qualität. Deshalb möchte vorliegendes Buch auch dazu beitragen, Ihre sprachliche Kompetenz zu trainieren und zu vertiefen.

Übrigens verlangt keiner von Ihnen sprachliche Perfektion. So wäre zum Beispiel ein leichter französischer Akzent unter Umständen von Vorteil, er gehört gewissermaßen zur interkulturellen Kompetenz.

Es muss auch darauf hingewiesen werden, dass bei Auslandsjobs die sprachlichen Anforderungen je nach Position oder Verantwortung unterschiedlich sein können.

Wer lediglich einige Wochen im Sommer in der Gastronomie oder bei Fantasialand jobben möchte, muss nur den alltäglichen «small talk» beherrschen.

Mehr fachsprachliche Kompetenz wird man von Handwerkern, Technikern, Computerspezialisten oder Ingenieuren verlangen.

Eine Position als Sachbearbeiter allerdings erfordert relativ gute Sprachkenntnisse in Wort und Schrift. Es versteht sich von selbst, dass Sie die einschlägige Fachsprache beherrschen.

Unter ausgezeichneten Sprachkenntnissen versteht man die Fähigkeit zur schriftlichen Abfassung von Fachberichten, zur Teilnahme an Verhandlungen und zum Vortrag mündlicher Referate.

Es ist klar, dass Unternehmen auf internationaler Ebene diese Sprachkenntnisse erwarten. Doch wenn Sie in Ihrem Fachgebiet Experte sind, werden auch Sprachlücken akzeptiert, da man von Ihnen eine ausgeprägte Lernfähigkeit erwartet.

On pourrait résumer la compétence linguistique de la manière suivante :

– Plus la compétence professionnelle est basse, plus la compétence linguistique doit être élevée ; vous aurez toujours l'opportunité de postuler en tant que débutant ou comme « trainee ».

– Plus votre compétence professionnelle est élevée, moins votre déficit linguistique sera rédhibitoire. Vous arriverez sans trop de difficultés à combler ce « retard ».

Voraussetzungen sind natürlich Ihre soziale und interkulturelle Kompetenz. Sie beinhalten:

– wirkliches Interesse am anderen Land;
– Flexibilität, d.h. sich rasch auf neue Situationen einstellen;
– belastbar und gesund sein;
– mit den ausländischen Kollegen und der fremden Kultur umgehen können;
– der neuen Aufgabenstellung gewachsen sein.

# PREMIERE

## PARTIE

RENSEIGNEZ-VOUS SUR LE CONTEXTE
DE VOTRE RECHERCHE D'EMPLOI
DANS L'ESPACE GERMANOPHONE

**1**

# Votre compétence interculturelle, atout majeur pour travailler en Europe

# I – LE DROIT A LA MOBILITE DANS L'ESPACE ECONOMIQUE DE L'UNION EUROPEENNE

Votre droit fondamental à la libre circulation vous autorise à trouver un emploi dans l'ensemble des quinze marchés nationaux de l'Espace européen, n'importe quel emploi, à l'exception de certains qui relèvent du service public comme la police, le pouvoir judiciaire, les forces armées.

Si vous voulez vous rendre dans un autre pays, vous pouvez y résider jusqu'à trois mois sans devoir effectuer de formalités. Vous pouvez vous inscrire auprès du service national de l'emploi où vous recevrez la même assistance dans la recherche d'un emploi que celle proposée aux ressortissants de ce pays. Vous ne devez pas être en possession d'un visa ou d'un permis de séjour ; tout ce qu'il vous faut c'est une carte d'identité ou un passeport en cours de validité.

En novembre 1997, les Etats membres de l'Union ont opté, lors du sommet de Luxembourg, pour une stratégie commune en matière d'emploi reposant sur quatre piliers : l'employabilité, l'entreprenariat, l'adaptabilité et l'égalité des chances.

Jeder EU-Bürger hat das Recht, in jedem Mitgliedsland der Europäischen Union zu leben und zu arbeiten. Er braucht weder ein Visum noch eine Arbeitserlaubnis, um einen Arbeitsvertrag zu unterschreiben. Zwar ist für den, der länger als drei Monate in einem Land bleiben will, eine Aufenthaltserlaubnis erforderlich, doch ist das im Prinzip nur eine Formalität. Alle Bürger der Union bekommen eine Aufenthaltserlaubnis, sofern sie nachweisen können, dass ihr Lebensunterhalt gesichert ist und sie dem Staat nicht zur Last fallen.

Auf der Gipfelkonferenz im November 1997 in Luxemburg beschlossen die Mitgliedstaaten eine europäische Beschäftigungsstrategie mit vier Aktionslinien: Beschäftigungsfähigkeit, Unternehmertum, Anpassungsfähigkeit und Chancengleichheit.

Es gibt also einen europäischen Arbeitsmarkt mit Rechten und Pflichten sowohl für Arbeitnehmer wie Arbeitgeber. Bereits Anfang der 90er-Jahre wurde von der EG-Kommission das EURES [1] – Projekt ins Leben gerufen.

---

1. EURES : « EURopean Employment Services » : Stellensuche über den WWW-Server der EU.

EURES ist ein Arbeitsmarktnetz, durch das die Mobilität der Arbeitskräfte im Europäischen Wirtschaftsraum (EWR) gefördert werden soll. Dem EURES-Netzwerk gehören europaweit über 500 Euroberater an. Euroberater sind Experten für Beschäftigungsfragen.

EURES est un réseau européen du marché du travail visant à faciliter la mobilité des travailleurs[2] au sein de l'Espace économique communautaire/européen (EEE). Ce réseau relie près de cinq cents Euroconseillers en matière d'emploi à travers l'Europe. Leur rôle consiste à fournir des informations sur les droits et les conditions de travail, une aide au placement pour les demandeurs d'emploi et les employeurs intéressés par le marché international du travail. Les Euroconseillers ont accès à une base de données contenant des offres d'emploi internationales sélectionnées en provenance de l'ensemble des pays participants[3].

Zielsetzung von EURES:

– Information, Beratung und Unterstützung bei der Arbeitsvermittlung und Personaleinstellung auf europäischer Ebene.
– Bereitstellung von Informationen über Lebens und Arbeitsbedingungen in den EWR Ländern für mobilitätsbereite Arbeitskräfte.
– Beratung bei der Arbeitssuche und Information über Beschäftigungsmöglichkeiten im Ausland.
– Stellenvermittlung für Arbeitsuchende.
– Information und Unterstützung von Arbeitgebern, die Personal im Ausland anwerben möchten.

---

2. Ce terme correspond, dans ce contexte, à l'allemand : *Arbeitnehmer* et non à *Arbeiter*. L'équivalent anglais est *worker*.
3. La réalité est malheureusement encore loin de correspondre aux vœux formulés. C'est ainsi qu'une analyse de l'OCDE rendue publique au mois de mars 1999, constate avec regret que c'est surtout la mobilité des salariés qui fait défaut aux pays européens. L'Organisation de coopération et de développement économiques écrit : « Il n'y a que 5,5 millions de ressortissants de l'UE, sur un total de 370 millions, qui résident dans un autre Etat membre, soit 1,5 % de la population ... ». La mobilité est bien plus grande aux Etats-Unis, au Canada ou en Australie. En Europe, la diversité des langues et des cultures représenteraient des obstacles en dehors de ceux d'ordre institutionnel. Un autre type de mobilité qui fait encore largement défaut et qui serait éminemment souhaitable, est celui du passage d'un emploi à l'autre permettant une adaptation permanente aux évolutions de l'économie. La durée moyenne d'occupation d'un emploi est de 3,4 ans aux Etats-Unis, tandis qu'elle est de 7,3 ans en Europe continentale s'élevant en Allemagne à plus de 10 ans.

## II – LES COMPETENCES INTERCULTURELLES

La compétence interculturelle ainsi que des expériences professionnelles à l'étranger, dans un des pays de l'Union Européenne, sont devenues des critères presque incontournables aux yeux d'un futur employeur européen.

> Auslandserfahrung und interkulturelle Kompetenz sind, im Zuge der Globalisierung, wichtige Kriterien für Arbeitgeber geworden.
>
> Europa steht erst am Anfang einer Entwicklung,deren mittelfristiger Verlauf noch nicht abzusehen ist, deren aktuelle Dynamik aber immer offener zutage tritt: interkulturelle Durchdringung steht in einem dialektischen Verhältnis zu einer generellen Angleichung [4]. Interkulturelle Kompetenz [5] wird immer mehr in einem zuammen-wachsenden Europa zu einer Schlüsselqualifikation, weil kulturelle Unterschiede immer noch unterschätzt werden. Der Fall BMW / Rover ist dafür ein Schulbeispiel. Offensichtlich ist das Fiasko nicht zu einem geringen Teil auf einen Mangel an interkultureller Sensibi-lität zurückzuführen.

L'Europe se trouve seulement au début d'une évolution dont le déroulement à moyen terme est encore incertain mais dont le potentiel devient de jour en jour plus évident. Ce sera la compétence interculturelle qui dans cette Europe en ébullition, jouera le rôle d'une qualification maîtresse. Cette exigence s'avère incontournable d'autant plus que les différences d'ordre culturel sont encore largement sous-estimées. Le modèle du genre nous est fourni par le retentissant échec de BMW / Rover. Une des raisons de ce fiasco doit être proba-blement recherchée dans un manque de sensibilité quant aux différences des mentalités.

> *Kulturelle Unterschiede artikulieren sich vor allem durch:*

| | |
|---|---|
| – Werte und Normen | valeurs et normes |
| – Sprache und Kommunikation | langue et communication |

---

4. Faites vos courses au *Kaufhof* de Cologne, au *Carrefour* de la région parisienne ou au *Corte Inglés* de Malaga, au rayon « Alimentation » avec un caddie, vous ne constaterez, dans le fond, aucune différence notable, à part la langue parlée et encore ! Les chiffres parlent un langage suffisamment éloquent et précis !

5. *Interkulturelle Kompetenz ist vor allem als « Verhaltenskompetenz » zu verstehen.*

| – Zeitbegriff | notion du temps |
| – Beziehungen | relations |
| – Lernprozesse und Verhalten | processus d'apprentissage et du comportement |
| – Essensgewohnheiten | habitudes culinaires |
| – Kleidung und Auftreten | vêtements et prestance |
| – Arbeitsgewohnheiten | façons de travailler |
| – Selbsteinschätzung | auto-évaluation |
| – Platzbedürfnis | besoin d'espace |

*Grundsätzlich kann man die Mentalitätsunterschiede in drei größere Bereiche einteilen:*

### 1. Les relations entre les individus

Par quoi une personne est-elle valorisée ? Qu'est-ce qui lui confère de l'importance ? Quel est le rôle de l'individu dans une entreprise par exemple ?

### 2. Le rapport au temps

L'appréciation du temps, de la durée diffère selon les cultures. Quelle attitude ont les individus envers le passé et/ou le futur ? En général, le temps dans les cultures occidentales représente un bien précieux, mesurable. La ponctualité fait partie des obligations dans les affaires.

### 3. Le rapport de l'individu à son environnement

On a cité comme exemple le « walkman » : il fut inventé au Japon pour éviter à l'usager d'incommoder son entourage. En Europe en revanche, il est utilisé pour ne pas être dérangé par l'environnement pendant l'écoute. Le comportement culturel dénote clairement la « différence culturelle » : l'Européen consomme un produit dans son individualisme, isolé au beau milieu de la foule, alors que le Japonais, tout en écoutant, se sait dans un collectif hiérarchiquement organisé.

*Es geht also darum, interkulturelle Missverständnisse und Fehlinterpretationen zu vermeiden sowie kulturelle Barrieren zu überwinden.*

Die Frage lautet: Wie?

– Die fremde/andere Kultur muss zunächst bewusst wahrgenommen werden;
– Wissen über die andere Kultur muss erworben werden;
– Dieses Bewusstsein und Wissen muss praktisch richtig angewendet werden[6].

Es handelt sich nicht einfach darum, « Benimmregeln » zu erlernen, sondern es geht um mehr: Verhalten, Denkweisen, Wertesysteme. In einer Zeit internationaler Kooperation, Fusionen und Zusammenschlüsse ist ein neuer Typ des Mitarbeiters gefragt:

– Der mehrsprachige, multikulturelle, flexible Managertyp.

Le parti pris, la démarche d'un demandeur d'emploi dans l'Union Européenne devraient être inspirés et commandés par sa citoyenneté européenne. Rien de ce qui est européen ne lui est étranger. Dans bien des cas, on est encore loin de cet état d'esprit, mais il est dans l'air du temps et les forces vives du marché, le sentiment de vivre sur un même continent ne tarderont pas à forger une communauté qui portera bien son nom. Il ne sera plus question de respecter les différences mais de les réclamer, de les revendiquer : sa force sera l'unité dans la différence, c'est exactement ce qui constituera sa richesse, son avenir.

La présentation de votre CV, de votre Lettre en sera une éloquente manifestation. Enfin, votre comportement lors de l'Entretien sera celui d'un Européen conscient de vivre, de pratiquer une réalité omniprésente.

Immer mehr Unternehmen erschließen internationale Märkte; sie brauchen also international erfahrene Fach- und Führungskräfte. Was aber bedeutet "internationale Erfahrung"? Welche Anforderungen werden gestellt? Die Antwort der Unternehmen ist einhellig: Neben der Kenntnis der Sprache, der Gesetzgebung, der Normen eines anderen Landes ist es wichtig, die Mentalität der Menschen

---

6. Ces trois démarches traduisent les concepts anglais utilisés par exemple dans le *cultural management* à savoir : la *Cultural Awareness*, la *Cultural Knowledge* et les *Cultural Skills*. (La prise de conscience d'une autre culture, les connaissances acquises de cette culture et les compétences interculturelles qui en résultent.) Un certain nombre d'entreprises ont intégré dans leur formation interne des programmes de « Culture Awareness ».

zu verstehen, um sich in die Kunden, Kollegen und Mitarbeiter hineinfühlen zu können. Man betont bisweilen, dass das Wissen um die « geheimen Regeln und die unsichtbaren Barrieren » oft über Erfolg und Akzeptanz entscheidet.

Es kommt nicht von ungefähr, dass Auslandserfahrung eine Qualifikation ist, die immer zählt. In vielen Fällen ist sie die Basis künftiger Karrieren.

# Vous voulez travailler dans l'espace germanophone

# I – UNE ASPIRATION PARTAGEE

Vous avez toutes les bonnes raisons de vouloir travailler dans l'espace germanophone. D'ailleurs, vous êtes loin d'être seul à vous expatrier. Près de 1,8 million de vos compatriotes se sont établis à l'étranger, d'après le Conseil supérieur des Français de l'étranger (CSFE). Ces chiffres n'incluent pas ceux qui partent de leur propre chef, sur initiative propre. Sur les 170 000 Français qui résident en Allemagne, un bon nombre sont des personnes expatriées par leurs entreprises.

> Ihr Entschluss, im deutschsprachigen Raum eine Stelle zu suchen, einen Arbeitsplatz zu finden, steht unter einem guten Stern. Das Frankreichbild der Deutschen ist im Wandel begriffen und die allbekannten Klischees und Stereotypen verblassen immer mehr. So veröffentlichte die Wochenzeitung DIE ZEIT im Juni 2000 [1] die Ergebnisse einer bei 1000 deutschsprachigen Bundesbürgern vorgenommenen, repräsentativen Umfrage, um zu erfahren, wie die Deutschen heute über ihre Nachbarn denken.

Les résultats de cette enquête sont assez encourageants et significatifs à la fois.

En effet, à la question « Quelle est votre opinion tout à fait personnelle : trouvez-vous les Français ...Très sympathique, plutôt sympathique, moins sympathique, pas sympathique...? »

83 % des Allemands interrogés trouvent les Français très (27,4) ou plutôt (55,5) sympathiques.

Dans beaucoup d'autres domaines, les Allemands pensent que les deux peuples devraient coopérer bien davantage : la politique étrangère, l'économie, la lutte contre la criminalité, la protection de l'environnement, la recherche et la technologie.

Ce dernier point reflète une modification notable de l'image que se faisaient traditionnellement les populations d'outre-Rhin de la France.

A présent, c'est une France moderne à laquelle ils se trouvent confrontés.

---

1. 21 juin 2000, Nr 26.

A la question : « Dans quels domaines trouvez-vous la France, du point de vue technologique, particulièrement avancée ? »

50,4 % citent l'industrie automobile, 51 % l'aérospatiale, 72,4 % les trains à grande vitesse, 57,1 % l'agriculture.

De façon générale, une majorité pense que la France occupe une forte position dans le domaine de la technologie de pointe. Et, de plus, deux sur trois estiment que la France fournit un effort particulier quant à la construction de l'Europe.

La seule ombre au tableau concerne le doute qu'éprouvent les Allemands quant aux sentiments des Français à leur égard. C'est à vous de dissiper tout équivoque ou malentendu à ce propos.

L'Union Européenne constituant un espace d'emploi privilégié, le profil-type du candidat au départ est un homme de 20 à 45 ans. Il possède une expérience professionnelle confirmée, de niveau cadre ou technicien. Bilingue et polyvalent, il évolue le plus souvent dans le secteur tertiaire. L'Europe est appréciée aussi à cause des facilités administratives : obtention sans problème du permis de séjour et de travail, régime social simplifié.

Vous entamez votre campagne, votre stratégie de Recherche d'emploi de votre propre chef.

> Sie werden also weder von einem Arbeitgeber ins Ausland entsendet noch im Rahmen eines Austauschprogramms einer Hochschule oder einer Organisation vermittelt. Sie bewerben sich auf eigene Faust, es handelt sich um eine selbstinitiierte Bewerbung [2].
>
> Sie bringen als Franzose ideale Voraussetzungen mit: Eine relativ kurze Studiendauer – Ihr deutscher Komilitone braucht erheblich länger, um zu einem Abschluss zu kommen – ; Praktika d.h. ein Studium mit hohem Praxisbezug; fundierte Fremdsprachenkenntnisse: per se Französisch und Deutsch sowie das unumgängliche Englisch; von ungemeinem Vorteil wäre es natürlich, wenn sie eine zusätzliche Sprache verhandlungssicher beherrschten, Spanisch z.B. oder Russisch.

---

2. Es sei jetzt schon vermerkt, dass in diesem Buch nicht auf die rechtlich-sozialen Aspekte der Einstellung eingegangen werden kann wie Sozialrecht, Arbeitnehmerrechte, Arbeitsvertragsrecht, Versicherung und Pensionsansprüche.

Neben Ihrer interkulturellen Kompetenz haben Sie den unschätzbaren Vorteil der Mobilität.

Beaucoup d'entreprises déplorent le manque de mobilité de leurs managers. Ceci ne vaut pas seulement pour l'étranger mais aussi à l'intérieur des frontières nationales. Les raisons en sont multiples : un certain nombre de cadres répugnent à s'ouvrir à des mentalités étrangères ; d'autres invoquent le problème des langues sans l'avouer franchement. Beaucoup préfèrent rester sur leurs « terres », les habitudes aidant. Même une augmentation de 40 000 à 50 000 DM ne représente pas une incitation suffisante pour changer d'emploi et d'endroit.

Doch leben wir im Zeitalter der Globalisierung. Im Management wird es kaum noch feste Arbeitsplätze an nur einem Ort geben. Immer mehr Mitarbeiter werden künftig eher in strategischen Netzwerken arbeiten, in Partnerschaften und internationalen Allianzen. So ändert sich das Anforderungsprofil für Führungskräfte ständig. Der Anforderungskatalog wird immer umfangreicher: Prädikatsexamen, Berufserfahrung, Auslandsaufenthalt, Fremdsprachen, Teamfähig- und Belastbarkeit sowie soziale Kompetenz.

Votre Profil personnel et votre Profil professionnel doivent être complétés par un bilan qui dressera vos qualifications et compétences indispensables pour un travail à l'étranger, à l'international.

Folgende Fragen sollten Sie sich selbst stellen und sich selbst beantworten. Betrachten Sie diesen Test als eine Art Zwischenbilanz.

| | |
|---|---|
| Hochschulabsolvent | ❏ ja<br>❏ nein |
| Berufserfahrung in der Branche | ❏ mehr als drei Jahre<br>❏ 2 bis 3 Jahre<br>❏ keine |
| Sprachkenntnisse<br>(des entsprechenden Landes) | ❏ verhandlungssichere<br>❏ durchschnittliche |
| Kenntnisse weiterer Sprachen | ❏ ja<br>❏ nein |
| Vorangegangene berufliche<br>Auslandserfahrungen | ❏ ja<br>❏ nein |
| Gute Allgemeinbildung | ❏ ja<br>❏ lückenhaft |
| Physisches und psychisches<br>Durchhaltevermögen | ❏ ja<br>❏ mit Abstrichen |
| Klare Zielvorstellungen für den<br>Auslandsaufenthalt | ❏ ja<br>❏ in Umrissen |
| Sind Sie sich im Klaren darüber,<br>was Sie im Ausland erwartet? | ❏ ja<br>❏ in etwa |
| Haben Sie Befürchtungen vor<br>eventuellen Anpassungs-<br>schwierigkeiten im Ausland? | ❏ eigentlich nicht<br>❏ ja |
| Haben Sie darüber nachgedacht<br>welche/ob Probleme nach einer<br>Rückkehr entstehen könnten? | ❏ ja<br>❏ weniger |

Noch nie war der Moment so günstig für einen Franzosen im deutschsprachigen Raum eine Stelle zu finden wie jetzt, zu Beginn dieses Jahrzehnts.

Mehrere Gründe sprechen für diese Einschätzung: Ein modernes, europäisches Frankreich zeichnet immer deutlicher seine Konturen, ein Frankreich, das, wie Deutschland, zur Einsicht gekommen ist, dass das «Haus Europa» nur in enger Zusammenarbeit verwirklicht werden kann.

Nicht von ungefähr ist jedes der beiden Länder der wichtigste Handelspartner des anderen. Dafür gibt es wahrscheinlich nicht nur wirtschaftlich/geographische Gründe.

Ce n'est pas un hasard que les deux pays soient les deux plus grands partenaires commerciaux mutuels.

### Les 20 premiers fournisseurs et les 20 premiers clients de la France en 1998*

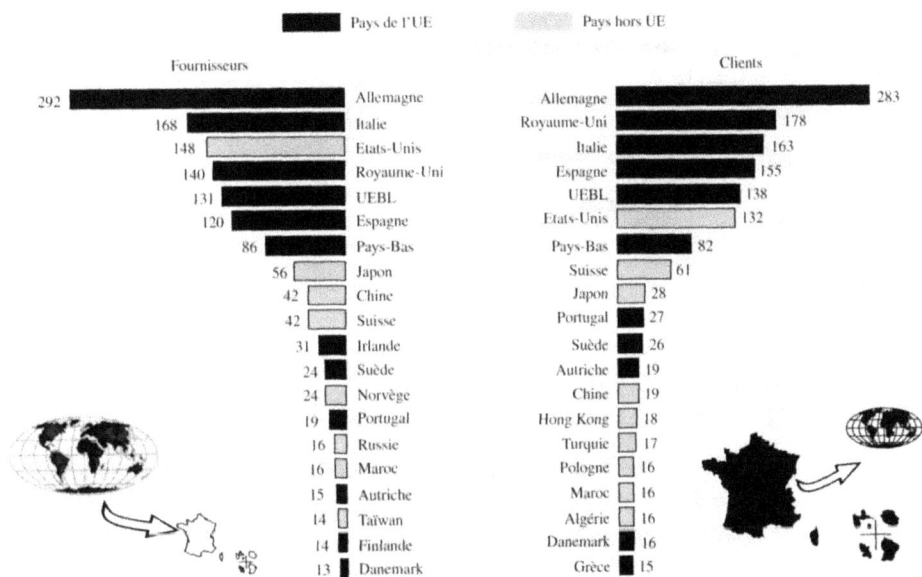

| ■ Pays de l'UE | ▨ Pays hors UE |
|---|---|

| Fournisseurs | | Clients |
|---|---|---|
| 292 | Allemagne / Allemagne | 283 |
| 168 | Italie / Royaume-Uni | 178 |
| 148 | Etats-Unis / Italie | 163 |
| 140 | Royaume-Uni / Espagne | 155 |
| 131 | UEBL / UEBL | 138 |
| 120 | Espagne / Etats-Unis | 132 |
| 86 | Pays-Bas / Pays-Bas | 82 |
| 56 | Japon / Suisse | 61 |
| 42 | Chine / Japon | 28 |
| 42 | Suisse / Portugal | 27 |
| 31 | Irlande / Suède | 26 |
| 24 | Suède / Autriche | 19 |
| 24 | Norvège / Chine | 19 |
| 19 | Portugal / Hong Kong | 18 |
| 16 | Russie / Turquie | 17 |
| 16 | Maroc / Pologne | 16 |
| 15 | Autriche / Maroc | 16 |
| 14 | Taïwan / Algérie | 16 |
| 14 | Finlande / Danemark | 16 |
| 13 | Danemark / Grèce | 15 |

* En milliards de francs

## Deutchlands wichtigste Handelspartner 1999

| Handelspartner[1] | Warenhendel (in Milliarden DM) Deutsche Exporte | Deutsche Importe | Veränderung zum Vorjahr (in Prozent) |
|---|---|---|---|
| Frankreich | 112,9 | 89,7 | +6,6 / +0,9 |
| Vereinigte Staaten | 100,8 | 71,2 | +12,4 / +4,2 |
| Großbritannien | 83,3 | 59,4 | +2,4 / +4,8 |
| Italien | 73,3 | 63,3 | +4,0 / -1,8 |
| Niederlande | 64,5 | 68,9 | -3,7 / -0,7 |
| Österreich | 52,7 | 34,6 | +1,8 / +4,5 |
| Belgien | 51,2 | 42,5 | keine Angaben[2] |
| Schweiz | 44,7 | 33,4 | +4,7 / +2,6 |
| Spanien | 43,4 | 27,8 | +12,8 / -0,1 |
| Polen | 24,2 | 18,0 | +0,1 / +9,5 |

**Deutscher Warenhandel insgesamt 1999**

| | |
|---|---|
| Exporte | 984,1 |
| Importe | 853,1 |
| Exportüberschuss | 131,0 |
| *(in Milliarden DM)* | |

1) Rangfolge nach dem Volumen deutscher Ausfuhren. 2) Belgien bis 1998 mit Luxemburg erfasst. Quelle : Statistisches Bundesamt

*Les agences nationales pour l'emploi*

Obwohl 1994 das Monopol für Arbeitsvermittlung der Bundesanstalt für Arbeit aufgehoben wurde, bleibt diese Institution eine unumgängliche Station bei Ihrer Stellensuche.

In der Regel hat man mit den jeweiligen regionalen Arbeitsämtern zu tun. Es gibt bundesweit über 200 Arbeitsämter, deren Aufgabe die Beratung, die Vermittlung und die Weiterbildung ist. Die Leistungen sind kostenlos.

Cependant, à peu près un tiers seulement des offres est enregistré dans ces agences pour l'emploi et concerne moins les emplois pour cadres ou maîtrise. Plus on est qualifié moins on a une chance d'y trouver un emploi.

Für Fach- und Führungskräfte gibt es die "Zentralstelle für Arbeitsvermittlung" (ZAV) [3].

Cette structure est pour vous incontournable. Elle est devenue, à l'heure actuelle, une sorte d'Agence internationale pour l'emploi. Elle a été créée pour assister dans leur recherche d'emploi les étrangers désireux de travailler en Allemagne. On y trouve une foule d'offres d'emploi et d'informations sur le marché du travail allemand [4].

In der Auslandsabteilung der ZAV stehen Ihnen auch die EURES-Berater zur Verfügung, um Sie über freie Arbeitsplätze im europäischen Wirtschaftsraum zu informieren.

*– Informations sur les entreprises*

Da Sie sich unbedingt über Ihre potenziellen Arbeitgeber informieren müssen, seien hier einige nützliche Nachschlagewerke angeführt.

– **Handbuch der Großunternehmen**. Dieses Buch, ein Klassiker, erscheint jährlich aktualisiert im März, zwei Bände, über 4 000 Seiten, es ist auch als CD-ROM erhältlich. Unabhängig von der Branche werden insgesamt 23 000 Firmen mit über 20 Millionen Mark Umsatz oder 150 Beschäftigten angeführt.

– **Die Top 300** – Die 300 wichtigsten Arbeitgeber für Hochschulabsolventen, Forum Verlag, 415 Seiten.

– **Der Deutsche Maschinen- und Anlagenbau**, Hoppenstedt Verlag. Rund 3 100 Unternehmen werden ausführlich vorgestellt.

– **Wer liefert was?**, Wer liefert was? GmbH, Hamburg. Buchausgabe in 6 Bänden mit Informationen zu Produkten und Dienstleistungen von 290 000 internationalen Unternehmen; auch als CD-Rom und im Internet.

– **Mittelständische Unternehmen**, Hoppenstedt Verlag. Jährlich aktualisiert im Oktober, drei Bände, über 5 000 Seiten. Enthält Daten zu mehr als 55 000 Unternehmen des deutschen Mittelstands.

---

3. *Villemombler Straße* 76, 53123 Bonn.
4. On pourrait dire, *grosso modo*, que le *Arbeitsamt* correspond à l'ANPE et la ZAV à l'APEC.

> (Deutschland hat mehr mittelständische und kleine Unternehmen als andere Länder in der EU[5]).
>
> – **Deutscher Industrie- und Handelstag** (DIHT). Hier kann man die Adressen aller Industrie- und Handelskammern ausfindig machen, auch über Internet: www.diht.de

On n'oubliera pas les journaux, quotidiens ou hebdomadaires, qui représentent une mine de renseignements. Nous en donnons en annexe* un relevé assez complet pour les trois pays de l'espace germanophone que sont l'Allemagne, l'Autriche et la Suisse. Vous remarquerez qu'un certain nombre d'entre eux se trouvent sur Internet.

## II – UN MARCHE DU TRAVAIL TRES PORTEUR

La reprise économique aidant, on assiste à un phénomène tout à fait étonnant :

LES EMPLOYEURS NE SONT PLUS LES MAÎTRES DU MARCHE DU TRAVAIL[6]

Il s'agit de la situation en France, mais on pourrait en dire autant de celle qui règne actuellement outre-Rhin. Il y a pénurie et les entreprises « s'arrachent les jeunes diplômés » et « peinent à recruter ». La situation est donc extrêmement favorable sur le plan de l'emploi, surtout sur certains secteurs et dans certaines fonctions.

De plus, ces difficultés de recrutement surgissent à un moment où la nature du travail est en train de changer. Des fonctions disparaissent, la Nouvelle Economie ne cesse d'en créer et le parcours professionnel constitue un apprentissage continu.

Quelques éléments qui constituent ce que l'on pourrait appeler une nouvelle approche de l'organisation du travail :

---

5. Der Mittelstand mit über einer halben Million aktiven Unternehmen (davon haben nur 57 000 mehr als 50 Mitarbeiter) gilt laut Institut der deutschen Wirtschaft als die "einzige deutsche Jobmaschine".
* Voir en annexe 1.
6. Titre d'un article consacré à l'emploi et paru dans un journal du soir.

– Das Leben ist ein Lernprozess
– Wir leben in einer Wissensgesellschaft
– Misstrauen gegenüber streng hierarchischen Organisationsformen (im Beruf, Staat und Gesellschaft)
– Sinn für soziale Gerechtigkeit
– Die Arbeitnehmer sind heute merklich selbstbewusster, kompetenter und unkonventioneller als früher: Ergebnis der Bildungsreform sowie der (typisch deutschen) Mitbestimmungs- und Konsenskultur.
– Ein weiterer Grund ist die veränderte Arbeitsmarktlage: Es besteht Mangel an qualifizierten Fach- und Führungskräften, besonders im IT-Bereich.

Die Titel in der deutschsprachigen Presse sprechen für sich: «Goldgräberstimmung auf dem Arbeitsmarkt für Internet-Fachleute»; «IT-Fachkräfte gefragter denn je»; «Begehrte Wirtschaftsjuristen»; «Ingenieure sind zur begehrtesten Berufsgruppe geworden»; «Händler gesucht»; «Computerkundige gesucht» usw.

Cette pénurie de main-d'œuvre qualifiée dans l'informatique, cette demande non satisfaite au niveau de la maîtrise et des cadres constituent pour vous des opportunités et des garanties de trouver un job outre-Rhin étant donné votre compétence interculturelle.

# Renseignez-vous sur le marché du travail en Allemagne et dans l'espace germanophone

# I – QUEL SECTEUR D'ACTIVITE VOUS INTERESSE ?

Le classement des secteurs d'activités ci-dessous s'inspire du *Stellenmarkt* de la *Frankfurter Allgemeinen Zeitung* tel qu'il se présente tous les samedis. Il s'agit d'un ensemble d'offres d'emploi assez impressionnant, pas loin de deux cents pages pour un tirage de plus de 640 000 exemplaires (11 XII 1999). Le journal lui-même précise : *Europas größter Stellenmarkt für Fach- und Führungskräfte. (Jährlich ca. 70 000 Positionen).* Mais les deux autres quotidiens importants, *Die Welt* et *Süddeutsche Zeitung* publient également, le samedi, de très nombreuses Offres d'Emplois[1].

## A. Ayez une vue d'ensemble sur les secteurs d'activité

*1 – Baugewerbe*
   1 – BTP

*2 – Dienstleistungen*
   2 – Services

   *2.1 – Banken*
      2.1 – Banques

   *2.2 – Datenverarbeitung und- banken*
      2.2 – Traitement et banques des données

   *2.3 – Finanzen*
      2.3 – Finances

   *2.4 – Gastgewerbe*
      2.4 – Hôtellerie et restauration

   *2.5 – Gesundheitswesen*
      2.5 – Santé

   *2.6 – Grundstücks- und Wohnungswesen*
      2.6 – Immobilier et logement

   *2.7 – Kultur, Sport und Unterhaltung*
      2.7 – Culture, sports et variétés

   *2.8 – Medien, TV und Radio*
      2.8 – Médias, télévision et radio

---

1. Ce marché d'emploi peut être consulté, est-il besoin de le préciser, sur le Web, *cf.* le chapitre consacré à la Candidature électronique.

**2.9 – Rechtsberatung**
2.9 – Conseil juridique

**2.10 – Steuer, Personal und Unternehmensberatung**
2.10 – Conseil fiscalité, personnel et entreprise

**2.11 – Verkehr und Nachrichtenübermittlung**
2.11 – Transports et communication

**2.12 – Verlagswesen und Presse**
2.12 – Editions et presse

**2.13 – Vermietung beweglicher Sachen**
2.13 – Location de biens mobiliers

**2.14 – Versicherung**
2.14 – Assurances

**2.15 – Werbung, PR und Marketing**
2.15 – Publicité, relations publiques et marketing

**3 – Energie und Wasserversorgung**
3 – Energie et approvisionnement en eaux

**4 – Handel**
4 – Commerce

**4.1 – Einzelhandel**
4.1 – Commerce de détail

**4.2 – Großhandel**
4.2 – Commerce en gros

**4.3 – Handel und Vertrieb Allgemein**
4.3 – Commerce et distribution en général

**5 – Industrie und Hersteller**
5 – Industrie et production

**5.1 – Anlagenbau**
5.1 – Construction installations industrielles

**5.2 – Bergbau, Steine und Erden**
5.2 – Industries minières

**5.3 – Elektronik, Optik, Elektrotechnik und Feinmechanik**
5.3 – Électronique, optique, électrotechnique et mécanique de précision

**5.4 – Chemie**
5.4 – Industries chimiques

**5.5 – Erdöl und Erdgas**
5.5 – Industrie pétrolière et production de gaz naturel

**5.6 – Fahrzeugbau**
5.6 – Constuction véhicules

**5.7 – Glas, Keramik, Verarbeitung von Steinen und Erden**
5.7 – Verre, céramique, transformation des matériaux

**5.8 – Kunststoff, Gummi**
5.8 – Matières plastiques, caoutchouc

**5.9 – Maschinenbau**
5.9 – Construction mécanique

**5.10 – Metallerzeugung, -bearbeitung**
5.10 – Production et traitement des métaux

**5.11 – Möbel und Holz**
5.11 – Mobilier et bois

**5.12 – Musikinstrumente, Spielwaren, Schmuck und Sportgeräte**
5.12 – Instruments de musique, jouets, bijoux et appareils de sport

**5.13 – Nahrungs und Genussmittel**
5.13 – Agroalimentaire

**5.14 – Papier und Druck**
5.14 – Papier et industries graphiques

**5.15 – Pharma**
5.15 – Industrie pharmaceutique

**5.16 – Textil und Bekleidung**
5.16 – Textile et habillement

**6 – Organisationen und Institutionen**
6 – Organisations et institutions

**6.1 – Behörden und Ämter**
6.1 - Administration et fonction publique

**6.2 – Schule und Bildung**
6.2 – Enseignement et formation

**6.3 – Verbände und Vereine**
6.3 – Fédérations et associations

**6.4 – Wissenschaft und Forschung**
6.4 – Etudes et recherches

# B. Zoom sur quelques secteurs porteurs

### AUTOMOBILINDUSTRIE

Nach den Umstrukturierungen Anfang der 90er Jahre ist zu Beginn des neuen Jahrhunderts ein Aufschwung zu verzeichnen. Produktion und Absatz steigen und es wird wieder eingestellt. Dank einer innovativen Politik auf diesem Sektor hat die deutsche Automobilindustrie wieder einen Platz in der vordersten Reihe einnehmen können.
Es liegt in der Natur der Sache, dass vorwiegend **Elektro-** und **Maschinenbauingenieure** gesucht werden. Darüberhinaus besteht aber auch eine Nachfrage nach Informatikern in Anbetracht der technologischen Ausstattung der Fahrzeuge.
Produktionsentwicklung und Vertrieb setzen nicht nur technische sondern auch kaufmännische Kenntnisse voraus, sodass **Wirtschaftsingenieure** durchaus ihre Chancen haben.
Da die Automobilbranche zum großen Teil international ausgerichtet ist, sollten die Bewerber **Zusatzqualifikationen** vorweisen können wie z.B. Fremdsprachenkenntnisse, Auslandserfahrung und Mobilität.

### BANKEN

Die Geschäftsbanken sind in dieser Branche tonangebend. Das Bankgewerbe erfährt augenblicklich starke Rationalisierungen und Umstrukturierungen. Die Einführung neuer Technologien bewirken einen Abbau der Filialen und des Personals (Lean Banking). Vor allem aber ist der Markt zusehends durch Zusammenschlüsse und Fusionstendenzen gekennzeichnet [2].
Die zahlreichen Aufgabenbereiche innerhalb einer Bank bieten dem qualifizierten Bewerber vielfältige Möglichkeiten des Einstiegs.
Die bekanntesten Banken sind die Deutsche Bank, die Commerzbank und die Dresdner Bank, die alle drei eine bedeutende Rolle spielen als Global player im internationalen Geschäft.
Ein während des Studiums absolviertes Bankpraktikum bedeutet natürlich bei der Bewerbung ein beachtenswerter Pluspunkt.
Mögliche Tätigkeitsfelder sind: Kreditanalyse, Organisation, Controlling, Datenverarbeitung, Devisengeschäfte, Investmentbanking und Wertpapierhandel.

---

2. On se souvient encore de l'échec retentissant de la fusion entre la *Deutsche Bank* et la *Dresdner*.

Die neugegründeten Direktbanken bieten mit ihren Dienstleistungen einen weiteren Berufseinstieg.
Möglichkeiten des Einsatzes im Ausland sind nicht selten, setzen aber gute Sprachkenntnisse voraus, nicht nur des Englischen.

## ELEKTRONISCHE MEDIEN

Diese Medienlandschaft[3] befindet sich permanent in Veränderung und Entwicklung, sei es durch Übernahmen, Zusammenschlüsse oder neue Methoden der Vermarktung. Vor allem aber hat sich die Landschaft verändert seit 1984, als **private** Veranstalter in Hörfunk (Rundfunk) und Fernsehen auf den Markt drangen. So haben inzwischen die privaten Hörfunk – und TV-Anbieter die Marktführerschaft in der deutschen Medienlandschaft übernommen.
Mit über 6 000 Beschäftigten sind die Hörfunksender unter den Privaten der größte Arbeitgeber.
Die öffentlich-rechtlichen Anstalten bleiben weiterhin wichtige Arbeitgeber, wobei die Anbieter ARD und ZDF mit circa 30 000 Mitarbeitern die meisten festangestellten Beschäftigten haben.
Der Personalbedarf wird auch in Zukunft bei den Programmherstellern liegen, die die Aufgabe haben, neue Unterhaltungssendungen und Nachrichtenformate zu entwickeln.
Voraussetzung für einen Einstieg in diese Branche ist ein Hochschulstudium mit journalistischem Schwerpunkt.
Unabdingbare Zusatzqualifikationen sind Praktika oder Voluntariate im journalistischen Umfeld. Eine weitgehend interdisziplinäre Ausbildung ist von großem Nutzen.
Außer Journalisten besteht ein Bedarf an **Juristen** für die Rechtsbereiche Werbung, Wettbewerb, Arbeits- und Tarifverträge, Urheber- und Lizenzrecht; an **Betriebswirten** (Finanz- und Rechnungswesen, Organisation, Personal und EDV) und an **Diplom-Ingenieuren** (als Produktionsfachleute).

## HANDEL

In vielleicht keiner anderen Branche ist der Konzentrationsprozess so offensichtlich wie in dieser. Der mittelständisch strukturierte **Einzelhandel** erlebt einen Schrumpfungsprozess, wovon nur der

---

3. Signalons une différence sémantique d'ordre grammatical : le média se dit en allemand *das Medium* et les médias *die Medien*.

**Fachhandel** ausgenommen scheint. Der Großhandel mit seinen riesigen Handelsketten wird übermächtig, wobei die technologischen Neuerungen im IT-und DV-Sektor diese Entwicklung nur beschleunigen.

Obwohl häufig intern aufgestiegene Praktiker anzutreffen sind, hat der Hochschulabsolvent durchaus Chancen zu einem erfolgreichen Einstieg. Es spielt keine Rolle, ob er Fachhochschul- oder Universitätsabsolvent ist. Was erwartet wird, ist ein einschlägiger Studiumschwerpunkt und ein möglichst im Handel absolviertes Praktikum.

Wie in keiner anderen Branche steht im Handel der Kunde im Zentrum des Interesses. Zu den erwünschten Zusatzqualifikationen gehören eine ausgeprägte kommunikative Fähigkeit, Freude am Umgang mit Menschen, **Freundlichkeit**, Kreativität, Bereitschaft zur Teamarbeit und Mobilität.

Zu den wichtigen Unternehmen im **Einzel-** und **Versandhandel** gehören: **Otto Versand**, **Aldi**, **Quelle**, **Metro** und **Karstadt**.

## *TOURISTIK*

Das Wachstum in dieser Branche scheint ungebrochen. Die Nachfrage nach Urlaubsreisen steigt ständig sowie nach den damit verbundenen Dienstleistungen. Der Natur der Sache nach bestehen enge Verbindungen mit anderen Bereichen des Marktes. So gibt es Beschäftigungsmöglichkeiten nicht nur bei den großen Reiseveranstaltern, sondern ebenfalls bei Reisebüros, Fremdenverkehrsämtern, Kurhäusern und natürlich im Hotel- und Gaststättengewerbe. Die besten Chancen hat naturgemäß der Touristik-Betriebswirt. Ein zusätzlicher Pluspunkt für einen erfolgreichen Berufseinstieg ist ein studienbegleitendes Touristik-Praktikum. Sehr gute Sprachkenntnisse (möglichst mehr als zwei Sprachen), Mobilität und Auslandsaufenthalte sind weitere Argumente für eine Einstellung.

## *UNTERNEHMENSBERATUNG*

Dieser Branche werden hohe Wachstumsraten vorausgesagt. Rationalisierung, Spezialisierung, Konzentration und globale Strategien erfordern hochkarätige Spezialisten im Beratergeschäft. So hat sich das klassische Beraterprofil in der Welt der Globalisierung ziemlich verändert: die Anforderungen sind nicht mehr ganz dieselben. Soziale Kompetenz ist jetzt gefragt.

Ein breites Berufsspektrum charakterisiert die Branche : **Management-**, **Personal-**, **Steuer-** und **Rechtsberatung** sowie **Wirtschaftsprüfung**.

Angesichts dieser Vielfalt finden wir viele interessante Tätigkeitsbereiche oder Berufsfelder. Es muss betont werden, dass man relativ hohe Ansprüche an die Bewerber stellt. Das zeigt sich z.B. an den erwarteten Zusatzqualifikationen (ein erfolgreich abgeschlossenes Studium versteht sich von selbst): Auslandsaufenthalte, Kenntnis mehrerer Sprachen, eventuell ein MBA-Titel oder ein zusätzlicher Studiumabschluss.

Die Anforderungen an das Persönlichkeitsprofil sind ebenfalls hoch: ausgezeichnete kommunikative Fähigkeiten, Lernbereitschaft, Fähigkeit zur Problemlösung, Konfliktmanagement und unbedingte Einsatzbereitschaft, weil die Beraterarbeit meistens immer unter Zeitdruck / Termindruck steht. Verhandlungsgeschick und Mobilität sind eine unabdingbare Voraussetzung.

## *VERLAGS- UND PRESSEWESEN*

Im Allgemeinen gliedert man diese Branche in drei Bereiche: die **Buchverlage**, die **Zeitungs-** und die **Zeitschriftenverlage**. Starke Konzentrationstendenzen kennzeichnen die drei Bereiche: einigen Großverlagen, die in Konzernen zusammengefasst sind (Bertelsmann, Holtzbrinck z.B.) und den Löwenanteil des Branchenumsatzes auf sich vereinen, stehen eine Vielzahl mittlerer und kleinerer Verlage gegenüber.

Die Personalstruktur ist stabil und die Zahl der Arbeitsplätze relativ konstant. Doch kommt auch hier durch die Neue Ökonomie (Internet) Bewegung in die Branche. Vor allem aber die Entwicklung des **Multimedia-Marktes** wird dazu beitragen, neue Arbeitsplätze zu schaffen.

Schon jetzt entstehen **neuartige Berufe** wie auch in anderen Bereichen der Wirtschaft («Screen-Designer» z.B. oder «Account Manager»).

Ein Pluspunkt dieser Branche ist die Tatsache, dass Hochschulabsolventen aller Fachrichtungen gute Einstellungsmöglichkeiten haben. Wichtig ist für die neuen Berufsbilder im Multimedia-Bereich die praktische Erfahrung.

In den **Zeitungs-** und **Zeitschriftenverlagen** werden vor allem **Journalisten** und/oder **Redakteure** eingestellt.

In den **Buchverlagen** entspricht das **Lektorat** dem Produktmanagement in anderen Branchen.

Wirtschaftswissenschaftler haben durchaus gute Einstiegsmöglichkeiten in den **kaufmännischen Bereichen** der Zeitungs-, Zeitschriften- und Buchverlage.

# II – LES FONCTIONS PROFESSIONNELLES

## A. Passez en revue les principales fonctions

Pour donner une image de l'ensemble de ces fonctions, nous avons choisi de vous les présenter par ordre alphabétique.

**A**

| | |
|---|---|
| Abteilungsleiter | Chef de service |
| Account Manager | Responsable comptabilité |
| Ärzte | Médecins |
| Analytiker | Analystes |
| Anwendungsberater | Conseil application |
| Apotheker | Pharmaciens |
| Architekten | Architectes |
| Assistenten | Assistants |
| Auditoren | Auditeurs |
| Außendienst | Service externe |

**B**

| | |
|---|---|
| Bank- und Finanzwesen | Banques et finances |
| Berater | Consultants, conseils |
| Betriebsleiter | Chef d'exploitation, – de service |
| Betriebswirte | MBA, gestionnaire industrie et commerce |
| Biologen | Biologistes |

**C**

| | |
|---|---|
| Chemiker | Chimistes |
| Consultants | Consultants |
| Controlling | Contrôle de gestion |

## D

| | |
|---|---|
| Datenbankspezialisten | Spécialistes banques de données |
| Dolmetscher | Interprète |
| DV-Spezialisten | Spécialistes traitement informatique |

## E

| | |
|---|---|
| Edition/Editoren | Édition/éditeurs |
| Einkauf | Achats |
| Engineers [4] | ≅ Ingénieur |
| Entwicklung | Développement |
| Export | Export |

## G

| | |
|---|---|
| Geschäftsführer | Gérant, administrateur |

## H

| | |
|---|---|
| Handelsvertreter | VRP |
| Handwerker | Artisans |
| Hochschulabsolventen | Jeunes diplômés |

## I

| | |
|---|---|
| Immobilien | Biens immobiliers |
| Informatiker | Informaticiens |
| Ingenieure | Ingénieurs |

## J

| | |
|---|---|
| Juristen | Juristes |

## K

| | |
|---|---|
| Kaufleute | Commerçants |
| Key Account | Responsable Grands Comptes |

---

4. L'intitulé en anglais signifie, dans le cas présent, que l'offre est rédigée dans cette langue. Quelques exemples d'intitulés : *Design Engineer, Drilling Engineer, Product Engineer, Marketing Engineer, Softwareengineer*, etc.

| | |
|---|---|
| Konstruktion | Construction |
| Kundenberater | Conseils clientèle |

## L

| | |
|---|---|
| Lehrer/Referendare | Enseignants, – stagiaires |
| Leiter | Directeur, gérant |
| Logistik | Logistique |

## M

| | |
|---|---|
| Management | Management |
| Marketing | Marketing |
| Mathematiker | Mathématiciens |
| Medizinisches Fachpersonal | Personnel médical qualifié |
| Mitarbeiter | Collaborateurs |

## N

| | |
|---|---|
| Nachwuchskräfte | Jeunes recrues, – jeunes diplômés |

## O

| | |
|---|---|
| Öffentlichkeitsarbeit | Relations Publiques |
| Organisatoren/Organisation | Organisateurs, Organisation |

## P

| | |
|---|---|
| Personalwesen | Personnel |
| Pharmaberater | Consultants pharmacie |
| Pharmareferenten | Pharmacie responsable clients |
| Physiker | Physicien |
| Produktion | Production |
| Produktmanager | Responsable produits |
| Professoren | Universitaires |
| Programmierer | Programmeurs |
| Projektleiter, -manager | Directeur, responsables de projet |

**R**

| | |
|---|---|
| Redakteure | Rédacteurs |
| Referenten | Responsable bureau/service, rapporteur |
| Revision | Contrôle, audit |

**S**

| | |
|---|---|
| Sachbearbeiter | Responsale dossier, projet |
| SAP R/3 Spezialisten | Spécialistes SAP R317 |
| Sekretärinnen | Secrétaires |
| Selbständigkeit | Indépendants |
| Softwareentwicklung | Développement logiciel |
| Steuerberater | Conseil fiscalité |

**T**

| | |
|---|---|
| Techniker | Techniciens |
| Trainees/Ausbildung | Trainee/formation |
| Trainer | Formateur |

**U**

| | |
|---|---|
| Übersetzer | Traducteur |

**V**

| | |
|---|---|
| Verkauf/Sales | Ventes |
| Vertrieb | Distribution |
| Volkswirte | Économistes |
| Vorstände | Directeurs, dirigeants, membre du directoire |

## B. Zoom sur quelques fonctions

Il va sans dire que ce tableau des fonctions dans l'entreprise – comme celui, plus loin, des entreprises – ne saurait être exhaustif. Il s'agit de familiariser le chercheur d'emploi que

---

5. *Cf.* la partie « Profils d'Entreprise ».

vous êtes avec quelques données élémentaires du marché du travail dans l'espace germanophone.

Nachstehend finden Sie einige Hinweise über Anforderungen und Aufgaben in verschiedenen Funktionsbereichen eines Unternehmens.

### Contrôle de gestion

Le contrôle de gestion a pris, au cours des dernières années, une importance accrue étant donnée la complexité grandissante des entreprises. C'est la raison pour laquelle les possibilités d'y trouver un emploi ne sont pas minces à condition de posséder de très bonnes qualifications. Certaines grandes entreprises exigent même un MBA.

#### Controlling

Das Controlling dient der Überwachung und Steuerung von Prozessen, Bereichen und / oder Produkten eines Unternehmens. Es funktioniert als Informationsinstrument für das ganze Unternehmen. So ist der Controller Mitglied der Unternehmensfüh-rung, zuständig für die betriebsinterne Informationsbeschaffung und spielt eine Rolle bei der Festlegung der Unternehmensziele und der –planung. In den letzten Jahren ist die Bedeutung des Controllings stark gestiegen wie ein Blick auf den Stellenmarkt zeigt. Deshalb sind die Einstiegschancen verhältnismäßig gut.

Voraussetzung ist eine betriebswirtschaftliche Ausbildung oder zumindest gut fundierte Kenntnisse auf diesem Gebiet, vor allem in den Bereichen Kosten- und Unternehmens-rechnung, Finanzwesen und Unternehmensplanung. Es versteht sich von selbst, dass Sie über gute EDV- bzw. PC-Kenntnisse verfügen.

### Informatique

S'il y a un secteur où les chances de trouver un emploi sont très favorables, c'est bien celui-là. Mais attention ! Etant donnée la diversité croissante des postes à pourvoir, il est impératif de posséder une bonne qualification supplémentaire dans des domaines comme « langages de programmation »,

« banques de données », « multimédias », « Operations Research » ou « Organisation » par exemple. Le marché allemand a besoin de spécialistes de technologies de l'information. Il suffit de consulter les offres d'emploi dans les journaux ou sur Internet.

### EDV [6]/ Kommunikations – und Informationstechnik

Hier handelt es sich um einen Schlüsselbereich auf dem deutschen Arbeitsmarkt. Es herrscht ein ausgesprochener Fachkräftemangel. Der Bedarf an qualifizierten IT-Spezialisten wächst weiter. So macht der Zentralverband Elektrotechnik- und Elektronikindustrie (ZVEI) mit Sitz in Frankfurt darauf aufmerksam, dass in der einschlägigen Industrie etwa 75 000 Facharbeitsplätze unbesetzt sind. Der breitgefächerte Bereich – Elektrotechnik, Elektronik, Informations- und Kommunikationstechnik – expandiert, und nach einer Verbandsstatistik würden jährlich mindestens 40 000 neue Arbeitsplätze in der IT-Branche geschaffen.

## Achats/approvisionnements

« Pour réussir dans cet environnement, vous devez être ingénieur commercial et, dans l'idéal, diplômé d'un troisième cycle achat, par exemple. Des connaissances en gestion semblent souhaitables étant donné que votre mission pourra consister à assumer des responsabilités, des relations commerciales et la gestion administrative des actes d'achats. Des connaissances de management vous seront demandées. La maîtrise de l'anglais est exigée, la connaissance de l'allemand serait un plus ». Tels pourraient être les termes d'une Annonce parue dans un journal français mais facilement transposable en allemand.

### Einkauf / Beschaffung

Bei der zunehmenden Globalisierung der Wirtschaft kommt dem Einkauf eine wachsende strategische Bedeutung zu. Seine Aufgabe besteht in der Organisation und Kontrolle der Beschaffung der Produkte und Dienstleistungen, die ein Unternehmen benötigt. So

---

6. EDV = Elektronische DatenVerarbeitung.

werden Angebote geprüft und verglichen, Lieferantenbeziehungen analysiert und Beschaffungswege untersucht, um schließlich Verträge auszuhandeln. Dieser Tätigkeitsbereich wird bei fort-schreitender Spezialisierung immer komplexer. Die englischen Stichworte «global sourcing», «make or buy» -Entscheidungen sowie «Outsourcing» und «Lean»- Management geben davon einen Begriff.

## Marketing/management en produits

Vous avez suivi des études de gestion, vous êtes diplômé(e) d'une grand école de commerce et justifiez de solides connais-sances en marketing et communication : voilà votre profil. Votre formation correspondra à peu près à un « *betriebswirt-schaftliches Studium* » à dominante vente, commerce et com-munication. Vous devez être en mesure d'assumer la responsabilité complète de la fonction : définition de la stra-tégie, recherche et mise au point des techniques et des produits en étroite coordination avec le commercial. En plus des com-pétences professionnelles, on vous demandera, le cas échéant, des qualifications supplémentaires : des séjours à l'étranger, la connaissance d'au moins deux langues, des qualités rela-tionnelles, le sens du travail en équipe et un certain talent de négociateur.

### Marketing/Produktmanagement

Beim Marketing handelt es sich um Maßnahmen ein Unternehmen auf die Erfordernisse des Absatzmarktes auszurichten. Zu diesen Maßnahmen gehören u.a. Absatzpolitik, Marktforschung, Produkt-und Preispolitik, Public Relations, Verkaufsförderung (Sales Promotion), Werbung. Ein effizientes Marketing beinhaltet die opti-male Koordinierung aller Marketing-Faktoren sowie die Abstimmung der absatzpolitischen Instrumente aufeinander (Marketing-Mix). Es liegt auf der Hand, dass das Produktmanagement in diesem Zusammenhang eine hervorragende Rolle spielt. So ist z.B. der Produktmanager (Produktleiter) für die Planung, Koordination und Kontrolle aller Maßnahmen bezüglich eines Produktes oder eines Produktbündels verantwortlich.

## Organisation

Votre mission au sein de l'entreprise sera multiple. Vous aurez par exemple en charge la définition des processus de l'entreprise : Recueillir les informations et les synthétiser ; rédiger et actualiser les procédures administratives ; recueillir les besoins des départements ; planifier les tâches et en suivre l'avancement ; coordonner les échanges d'informations entre intervenants, etc. Vous devrez avoir une réelle aptitude à la coordination et à la communication ainsi que des capacités d'analyse et de synthèse. Niveau d'études : École de Commerce ou 3$^e$ cycle option logistique, distribution...

### Organisation

Die Organisation plant und überprüft die Arbeitsabläufe in den einzelnen Abteilungen eines Unternehmens. Von ihrem guten Zusammenwirken hängt die Effizienz der Organisationsstrukur eines Unternehmens ab. Dazu gehört auch gegenwärtig die Implemen-tierung neuer Informations- und Kommunikationstechnologien. Der Bewerber sollte also neben fundierten betriebswirtschaftlichen Kenntnissen ebenfalls Erfahrungen in Datenverarbeitung, Programmiersprachen einbringen.

## Personnel – Ressources humaines

Votre tâche consiste, selon une annonce parue en France, « dans la gestion administrative du personnel : contrat de travail, suivi des procédures internes de recrutement et d'intégration, mise en place et élaboration du plan de formation ». Vous êtes doté(e) d'une réelle aptitude à communiquer et d'un excellent relationnel. Vous avez le profil d'un bac + 3/4 en droit social ou en gestion RH.

### Personal

Das Personalwesen beinhaltet die Personalplanung und -beschaffung sowie das Marketing und die Personalverwaltung. Ein wichtiger Bereich besteht in der Personalentwicklung d.h. in der Erarbeitung von Aus- und Weiterbildungsprogrammen. Voraussetzung für eine Stelle in diesem Tätigkeitsbereich sind Kenntnisse in der Personalwirtschaft, im Arbeits- und Sozialrecht sowie in der Betriebspsychologie. Zu den erwünschten Qualifikationen gehören Kommunikationsfähigkeit, soziale Kompetenz, Durchsetzungsvermögen aber auch durchaus psychologisches Einfühlungsvermögen.

Neben Betriebswirten haben Psychologen, Juristen und Wirtschaftspädagogen gute Chancen.

## Vente/distribution

Vous êtes de formation supérieure – École de commerce ou d'ingénieurs – et vous avez comme mission de suivre et de développer de grands comptes en France et à l'International dans de multiples domaines. Vous devez mettre en place la stratégie de développement de la société pour la vente de l'ensemble de ses prestations.

Dans d'autres cas, vous aurez comme tâche la prospection de nouveaux clients, l'établissement des propositions commerciales, la présentation et démonstration, enfin, la négociation.

### Verkauf/Vertrieb

Die Aufgabe dieses Funktionsbereichs ist die Anbahnung, Durchführung, Organisation und Kontrolle des Verkaufs von Produkten und Dienstleistungen. Der Kundendienst ist eine der zentralen Zielsetzungen, sowohl Gewinnung von Neukunden als auch die Betreuung von Großkunden (Key-Account-Management). Weitere Tätigkeiten sind Verkaufsförderung (Sales Promotions), preispolitische Maßnahmen sowie Vertriebscontrolling.

Gründliche Kenntnisse in der Absatzwirtschaft, in der Marktforschung und im Handel verstehen sich von selbst.

Kommunikationsfähigkeit, Verhandlungsgeschick und Kundenorientierung gehören unbedingt zum Anforderungsprofil.

# III – QUELLES ENTREPRISES RECRUTENT « A L'INTERNATIONAL » ?

Dans les pages qui suivent nous présentons sommairement quelques-unes des nombreuses entreprises qui recrutent à l'international.

Chacun pourra trouver dans la presse des informations sur les entreprises qui l'intéresse.

---

## ALLIANZ

### DAS UNTERNEHMEN

Die Allianz ist eines der führenden Unternehmen in der Versicherungs- und Finanzdienstleistungsbranche in Deutschland und Europa. In mehr als 68 Ländern ist das Unternehmen vertreten. 1997 betrug die Zahl der Beschäftigten über 70 000. Die Allianz ist einer der herausragenden Global Player.

### DER EINSTIEG

Bewerbung: Vollständige[7] Unterlagen.
Auswahl: Mehrere strukturierte Interviews mit der Personalabteilung.
Fachliche Qualifikation: Überdurch-schnittliches Examen; kaufmännischer Abschluss. Erfahrung im Umgang mit dem PC. Englisch in Wort und Schrift.
Persönliche Qualifikation: Service-orientiertes Handeln; flexibel, belast-bar und verschwiegen; Sie arbeiten selbständig aber auch gern im Team.

*L'ALLIANZ est une des très grandes compagnies d'assurances et de services finan-ciers au niveau mondial. On demande aux candidats un niveau relativement élevé qui sera mis à l'épreuve au cours de plusieurs entretiens.*

---

7. Rappelons que le Dossier de Candidature complet comporte : *Anschreiben, Lebenslauf, Foto, Kopien der Schul- und Hochschulzeugnisse, Bescheinigungen und Zeugnisse zu Zusatzqualifikationen.* Dossier signifie dans ce cas l'objet matériel, en allemand *die Bewerbungsmappe.*

# BERTELSMANN

## DAS UNTERNEHMEN

*Bertelsmann ist das weltweit viertgrößte Medienunternehmen und die Nummer 1 in Europa. Über 300 Firmen in 50 Ländern erwirtschaften einen Jahrsumsatz von fast 30 Milliarden Mark. Die Aktivitäten erstrecken sich über das gesamte Spektrum der Medienmärkte. Die dezentrale Unternehmensstruktur gliedert sich in mehrere Produktlinien: Book, BertelsmannSpringer, CLT-UFA (TV), BMG Entertainment, Multimedia, Gruner + Jahr.*

## DER EINSTIEG

*Bewerbung: Vollständige Unterlagen
Auswahl: Einzelgespräche
Fachliche Qualifikation: Sehr guter Abschluss, Fremdsprachen-kenntnisse.
Persönliche Qualifikation: Flexibilität, Teamfähigkeit und Belastbarkeit. Selbständigkeit und unternehme-risches Denken.*

*Si la barre est placée assez haut quant aux qualifications professionnelles, vous aurez très tôt des responsabilités manageriales et des possibilités d'évolution. Selon les postes, vous serez appelé souvent à des déplacements à l'étranger.*

# BMW

## DAS UNTERNEHMEN

BMW ist ein weltweit führendes Industrieunternehmen mit über 118 000 Mitarbeitern und jährlich mehr als einer Million verkauften Fahrzeugen.
Das Produktionsprogramm umfasst Automobile, Motorräder sowie Flugtriebwerke. Seit einiger Zeit versucht die Firma wieder, in der Formel 1 eine Rolle zu spielen.

## DER EINSTIEG

Bewerbung: Vollständige Unterlagen mit Angabe des gewünschten Bereichs. Auswahl: Gespräche mit Personal- und Fachbereich. Fachliche Qualifikation: Überdurchschnittliche Studienleistungen; eine kaufmännische, abgeschlossene Berufsausausbildung je nach Position und fundierte Englischkenntnisse; erste Berufs- und internationale Erfahrungen sind unbedingt Pluspunkte. Persönliche Qualifikation: Flexibilität, Zuverlässigkeit, Einsatz- und Kontaktfreude sowie Zielstrebigkeit und Durchsetzungsvermögen sollten zu Ihren persönlichen Stärken gehören.

*Par sa diversification sectorielle, l'entreprise offre de nombreuses possibilités d'embauche. Ainsi pouvait-on trouver, sur un mois, pendant l'année 2000, sur Internet sous « jobpilot.de » environ 130 offres d'emploi de BMW AG.*

## BOSCH

### DAS UNTERNEHMEN

Die Robert Bosch GmbH ist ein weltweit präsentes Unternehmen und in den Bereichen Kraftfahrzeugausrüstung, Kommunikationstechnik sowie im Bereich Produktionsgüter tätig. 1886 in Stuttgart gegründet, wurde es bald zu einem führenden Unternehmen in der Elektrobranche und zählt heute auch zu den namhaften Anbietern von Sicherheitstechnik und -systemen. Die Zahl der Beschäftigten liegt nahe bei 200 000.

### DER EINSTIEG

Bewerbung: Vollständige Unterlagen unter Angabe des gewünschten Aufgabengebietes. Auswahl: Strukturiertes Interview; Assessment Center. Fachliche Qualifikation: Ein erfolgreich abgeschlossenes kaufmännisches oder technisches Studium, sowie erste Berufserfahrung. Persönliche Qualifikation: Soziale Kompetenz, Kreativität und Flexibilität sowie Teamfähigkeit und Überzeugungsvermögen. Große Mobilität.

*L'entreprise est très active sur le marché du travail et de l'embauche. « jobpilot.de » propose sur un mois, au cours de l'année 2000, environ 285 offres d'emploi. L'entreprise met l'accent sur son côté innovatif et son ouverture vers des carrières internationales.*

# COMMERZBANK

## DAS UNTERNEHMEN

Die 1870 gegründete Bank
zählt in Deutschland an die
1 000 Filialen und im Ausland an
die 50 Niederlassungen; die Zahl
der Mitarbeiter liegt bei ungefähr
30 000. Das Institut versteht sich
als mitten in einem fundamentalen
Umbruch befindlich und will auf die
Herausforderungen unserer Zeit
-Globalisierung, „New Economy",
Internet, Euroland – mit
effizienterer Kundenorientierung
und partnerschaftlich antworten.

## DER EINSTIEG

Bewerbung: Vollständige
Unterlagen; aber es sind
auch E-mail-Adressen für
Kurzbewerbungen eingerichtet.
Auswahl: Gespräch, aber auch AC.
Fachliche Qualifikation:
Professionalität auf der Basis
eines wirtschaftswissenschaft-
lichen Studiums, idealerweise
ergänzt um eine Banklehre,
oder eine vergleichbare
Ausbildung. Erste Praxiserfahrung
wäre ein Plus.
Persönliche Qualifikation:
Persönlichkeit; Sie sind belastbar,
flexibel und überzeugen durch
eigenständiges Handeln gepaart
mit konstruktivem und
kooperativem Kommunikations-
verhalten.

*La banque a adopté résolument les nouvelles technologies de la Nouvelle Économie.*
*La mondialisaton constitue plus qu'un défi : elle est à la base de son futur succès.*
*Les spécialistes des Technologies de l'Information y trouveront leur place comme*
*comme ceux du «banking» moderne. En effet, elle recrute : environ 320 offres enre-*
*gistrées sur un mois au cours de l'année 2000.*

# QUELLE

## DAS UNTERNEHMEN

*Quelle ist ein renommiertes Unternehmen der Versandhandelsbranche. Zu seiner Produkt- und Dienstleistungsstruktur zählen: Reisen, Fotoartikel, Mode, Logistikdienstleistungen, Unterhaltungselektronik und Neue Medien.*
*Zum Jahrhundert- und Jahrtausendwechsel erscheint die Handelsmarke QUELLE im neuen und modernen Look. Die Neugestaltung des Firmenlogos QUELLE ist Ausdruck und Auftakt für eine programmatische und strategische Neuausrichtung der QUELLE AG.*

## DER EINSTIEG

*Bewerbung: Vollständige Unterlagen Auswahl: Interviews und Dialogworkshops. Fachliche Qualifikation: Fundierte Kenntnisse durch abgeschlossenes Fachstudium; Erfahrung in Team- und Projektarbeit. Persönliche Qualifikation: Die „richtige Mischung" aus Verhandlungsgeschick, Durchsetzungskraft, Einsatzfreude und Flexibilität.*

*On doit relever la réorientation de la stratégie commerciale de l'entreprise à l'époque du commerce en ligne, y compris la modification du logo. Il faut espérer que ce changement stratégique s'accompagne d'une augmentation du nombre des recrutements.*

# SIEMENS

## DAS UNTERNEHMEN

Mit circa 400 000 Mitarbeitern ist das Unternehmen weltweit präsent. An die 500 Produktionsstätten in über 50 Ländern und Vertriebsorganisationen in annähernd 200 Ländern arbeiten in dieser renommierten Firma der Elektronik- und ElektrotechnikBranche. Die Dienstleistungen umfassen die Bereiche Energie, Industrie, Verkehr, Medizin, Information, Kommunikation und Licht. An die 70% des Umsatzes fallen auf das internationale Geschäft und mehr als die Hälfte der Mitarbeiter sind außerhalb Deutschlands tätig.

## DER EINSTIEG

Bewerbung: Vollständige Unterlagen. Auswahl: Gespräche. Fachliche Qualifikation: Fachstudium (Uni/ FH), erste Praxiserfahrung. Wünschenswert ist ggf. ein Auslandsstudium sowie MBA. Sehr gute Englischkenntnisse. Persönliche Qualifikation: Eigeninitiative, Teamorientierung, analytisches Denken, Belastbarkeit und Durchsetzungsvermögen.

*Le potentiel d'innovation constitue une des caractéristiques de l'entreprise. Elle bénéficie dans ce domaine d'une longue expérience et d'une grande tradition.*

## IV – CE QUE VOUS DEVRIEZ SAVOIR SUR L'ENTREPRISE QUI VOUS INTERESSE

Vous êtes censé avoir pris des informations sur l'entreprise et la position qu'elle occupe dans sa branche. Vous pouvez en parler en quelques mots déjà dans la Lettre d'accompagnement ; rappelez-vous : on n'y répète pas ce qui est mentionné ou expliqué dans le CV.

Mais c'est surtout au cours de l'entretien que l'on vous mettra à l'épreuve. Vous n'avez pas le droit à l'erreur. Des lacunes dans ce domaine vous écarteraient tout de suite de la compétition.

**Informations sur l'entreprise**

**Nachstehende Checkliste fasst die Hauptpunkte eines möglichen Fragekatalogs zusammen.**

Stammsitz, Niederlassungen und Filialen des Unternehmns im In- wie auch im Ausland.
Siège, établissements et succursales tant au plan national qu'à l'étranger

Produktpalette: welche Produkte oder Dienstleistungen verkauft das Unternehmen?
Quels produits et services sont commercialiés par l'entreprise ?

Namen der Firmenleitung; wer ist Mitglied der Geschäftslei-tung?
Les noms de la direction ; qui est membre du directoire ?

Zahl der Mitarbeiter.
Nombre de personnes employées.

Einstiegsmodalitäten
Pratiques de recrutement

Umsatz des Unternehmens.
Le chiffre d'affaires

Marktposition.
Position sur le marché.

Firmengründung und Firmengeschichte.
Création de l'entreprise et l'historique.

Wie stellt sich die Firma dar? Wie ist ihr „Image" im Wirt-schaftsleben?
La (re)présentation de l'entreprise dans l'environnement économique. En fait, l'interrogation porte sur sa Corporate Culture et sa Corporate Identity[8].

Erste Informationen bekommen Sie durch die Stellenanzeige, die in der Regel mit einer Selbstdarstellung beginnt[9].
Pour commencer, vous aurez quelques renseignements sur l'entreprise par son Annonce.

Eine andere Informationsquelle sind die Imagebroschüren, Produktinformationen und Geschäftsberichte, die die PR- oder Presseabteilung der Firmen verschickt.
Une autre source d'information constitue la documentation que l'entreprise envoie à ceux qui en font la demande.

Des Weiteren sollten Sie in den brancheninternen Publikationen und Firmenhandbüchern nachschlagen, um nähere Informationen über die jeweilige Firma zu bekommen[10].
Vous devriez en plus consulter les publications des différentes branches ou secteurs d'activité ainsi que les annuaires des entreprises ou les annuaires professionnels.

Die jeweiligen Industrie- und Handelskammern verfügen über Branchenverzeichnisse und Datenbanken, die Informationen über Unternehmen bereithalten.
Les CCI disposent de documentations par branches et de fichiers informatisés pour vous renseigner sur les entreprises ciblées.

---

8. *Corporate Culture* betrifft die interne Organisation eines Unternehmens : Wie läuft die Zusammenarbeit ab, wie wird die Firma geführt ? *Corporate Identity* ist das Außenbild, das ein Unternehmen von sich produziert.
9. *Cf.* chapitre consacré aux Annonces.
10. *Gebräuchliche Nachschlagewerke sind: «Handbuch der Verbände, Behörden, Organisationen der Wirtschaft», «Adressbuch Wirtschaft», «Handbuch der Grossunternehmen», «Handbuch der mittelständischen Unternehmen» ; cf. Hoppenstedt-Verlag Darmstadt ; (auch als CD-ROM erhältlich).* Cf. chapitre III.

Messekataloge von Kontakt- und/oder Fachmessen verschaffen Ihnen einen Überblick über infrage kommende Firmen.

Les catalogues des différents Salons professionnels peuvent vous intéresser quant aux éventuelles entreprises à contacter.

Darüber hinaus verschafft Ihnen dank Internet die Homepage des Unternehmens die Möglichkeit Informationen einzuholen, sofern die Firma Online gegangen ist.

Grâce à Internet vous pouvez, à l'heure actuelle, obtenir des informations sur l'entreprise par sa Page d'accueil, à condition, bien entendu, qu'elle se présente sur le Web.

Über 2 000 IT-Studenten an 40 deutschen Hochschulen wurden vom Nürnberger Institut für Personal-Marketing Trendence in Zusammenarbeit mit der COMPUTERWOCHE, Februar/April 2 000 über ihren Wunsch-Arbeitgeber befragt.

Plus de 2 000 étudiants en technologies de l'information de 40 universités allemandes ont été interrogés quant à leurs employeurs potentiels préférés.

| Arbeitgeber: Die TOP 30 | | | |
|---|---|---|---|
| | Total | männlich | weiblich |
| 1. Siemens AG | 20,3 | 20,0 | 22,7 |
| 2. IBM Deutschland GmbH | 18,1 | 17,5 | 23,8 |
| 3. Sun Microsystems GmbH | 17,2 | 18,0 | 8,5 |
| 4. SAP AG | 12,1 | 11,9 | 14,3 |
| 5. Fraunhofer Gesellschaft | 11,3 | 11,4 | 11,1 |
| 6. Daimler-Chrysler AG | 10,8 | 11,3 | 5,7 |
| 7. Microsoft GmbH | 8,9 | 8,9 | 8,9 |
| 8. DASA Daimler-Chrysler Aerospace | 8,2 | 8,7 | 2,6 |
| 9. Nokia GmbH | 6,7 | 6,3 | 10,7 |
| 10. Lufthansa IT Services | 6,6 | 6,4 | 9,1 |
| 11. SGI, Silicon Graphics GmbH | 6,3 | 6,7 | 2,4 |
| 12. ORACLE Deutschland GmbH | 6,2 | 6,1 | 7,3 |
| 13. Deutsche Bank AG | 6,1 | 5,9 | 7,9 |
| 14. Debis AG | 5,9 | 5,7 | 8,1 |
| 15. Hewlett Packard GmbH | 5,9 | 5,7 | 7,7 |
| 16. Bertelsmann AG | 5,5 | 5,5 | 4,8 |
| 17. BMW Gruppe | 5,1 | 4,9 | 7,4 |
| 18. Andersen Consulting | 4,4 | 4,3 | 5,4 |
| 19. sd&m AG | 4,1 | 4,2 | 3,2 |
| 20. Deutsche Telekom AG | 3,8 | 3,9 | 3,3 |
| 21. RTL Television GmbH | 3,5 | 3,4 | 4,2 |
| 22. Intershop Communications GmbH | 3,3 | 3,6 | 0,3 |
| 23. AMD Saxony ManufacturingGmbH | 3,2 | 3,2 | 3,5 |
| 24. Volkswagen AG | 3,0 | 2,9 | 3,8 |
| 25. BSI | 2,9 | 2,9 | 2,6 |
| 26. McKinsey & Company | 2,7 | 2,8 | 1,9 |
| 27. AUDI AG | 2,7 | 2,7 | 3,1 |
| 28. Mannesmann Mobilfunk GmbH | 2,6 | 2,7 | 2,8 |
| 29. ARD | 2,6 | 2,6 | 2,4 |
| 30. T-Online | 2,6 | 2,7 | 1,4 |
| *Quelle: Trendence* | % | % | % |

Es ist aufschlussreich, diese Rangordnung mit nachstehender Rangliste zu vergleichen:

| Die größten Arbeitgeber | | |
|---|---|---|
| Nr. | Unternehmen | Beschäftigte in 1000 |
| 1 | Daimler-Chrysler AG | 466,9 |
| 2 | Siemens | 443,0 |
| 3 | Volkswagen | 306,3 |
| 4 | Deutsche Post AG | 301,2 |
| 5 | Deutsche Bahn AG | 241,6 |
| 6 | Tengelmann (Welt) | 221,0 |
| 7 | Robert Bosch GmbH | 194,9 |
| 8 | Thyssen Krupp AG | 184,8 |
| 9 | Rewe-Gruppe | 173,0 |
| 10 | Deutsche Telekom AG | 172,0 |
| 11 | Metro AG | 171,4 |
| 12 | RWE AG | 155,6 |
| 13 | Veba AG | 131,6 |
| 14 | Mannesmann AG | 130,9 |
| 15 | Bayer | 120,4 |
| 16 | Bayerische Motoren Werke | 115,0 |
| 17 | Allianz AG | 113,6 |
| 18 | Karstadt Quelle-Konzern | 113,5 |
| 19 | BASF-Gruppe | 104,6 |
| 20 | RAG-Konzern | 101,8 |
| 21 | Deutsche Bank AG | 93,2 |
| 22 | Viag AG | 81,8 |
| 23 | Preussag AG | 79,1 |
| 24 | Aventis Pharma AG | 76,0 |
| 25 | Otto-Versand (GmbH & Co.) | 71,0 |
| 26 | MAN AG | 66,8 |
| 27 | Deutsche Lufthansa | 66,2 |
| 28 | Bertelsmann AG | 64,8 |
| 29 | Continental | 62,6 |
| 30 | Henkel | 56,4 |

*Quelle FAZ 4.VII 2000 Beilage: Die 100 größten Unternehmen* [11]

11. La lecture de ce supplément, la 42ᵉ édition, est à conseiller. Il contient le recensement et le classement de 100 entreprises sous des aspects divers présentant un intérêt réel pour les postulants sur le marché du travail allemand et européen. Il existe une disquette sous format MS-DOS 3,5".

Es ist lehrreich zu erfahren, wie Hochschulabsolventen sich für bestimmte Arbeitgeber entscheiden. Da nur sehr wenige während ihres Studiums einen Betrieb aus der Praxis kennen gelernt haben, orientieren sie sich an **Schlüsselinformationen** über das Unternehmen. Hierbei spielt das Arbeitgeber-Image oft eine entscheidende Rolle.

Il est très instructif de voir comment de jeunes diplômés se décident pour telle ou telle entreprise. Quand une première expérience professionnelle – par exemple des stages – leur fait défaut, ils s'en tiennent à des **informations-clés** que donne l'Image de l'entreprise.

Das Firmenimage ist für besonders Qualifizierte von relativ großer Bedeutung, da dieser erste Arbeitgeber ihnen als «Karrieresprungbrett» dienen kann.

L'Image de l'entreprise joue un rôle non négligeable pour les candidats hautement qualifiés car elle peut servir de « tremplin » à leur carrière.

# DEUXIEME

## PARTIE

MENEZ ACTIVEMENT
VOTRE RECHERCHE D'EMPLOI

# Etablissez
# votre profil personnel
# et professionnel

Da wir in einer Leistungsgesellschaft leben, in der der Einzelne sich gegen eine große Zahl von Konkurrenten durchsetzen muss, findet man in vielen Ratgebern für Stellensuchende den Vergleich mit einer Verkaufsverhandlung. Der Gegenstand dieser Verhandlung, das Produkt sind Sie, d.h. Ihre persönliche und fachliche Kompetenz. Sie müssen sich also verkaufen können. Sie haben Strategien zu entwickeln, um dieses wertvolle Produkt auf den Markt zu bringen und es dort bekannt zu machen.

Ein anderer Gemeinplatz wird oft verwendet, um diesen Sachverhalt zu veranschaulichen und zwar durch ein Wortspiel: Bewerben enthält «werben», d.h. jede Bewerbung bedeutet auch eine Werbung für den Bewerber [1].

So werden Sie gleichsam zum Produktmanager Ihrer selbst. Sie vermarkten sich selbst und dazu braucht es ein:

### Selbstmarketing

Die Selbsteinschätzung oder Selbstanalyse ist Gegenstand dieses Kapitels.

Am Anfang steht eine genaue Selbsteinschätzung. Es soll aufgeklärt werden, welche Kompetenzen, Wünsche und Ängste ein Bewerber hat und ob sich Karriereplanung und private Ziele in Einklang bringen lassen.

## I – QUEL EST VOTRE NIVEAU D'EMPLOYABILITE ?

Vous allez donc procéder à l'établissement de votre bilan personnel afin d'évaluer le niveau de votre employabilité – *Ihre Beschäftigungsfähigkeit* – en faisant une estimation des points forts et des points faibles de vos compétences. Vous devez rédiger ce bilan en mentionnant tout ce qui pourra se reporter à votre projet professionnel. Cet objectif pourra se définir – comme on le verra au chapitre suivant – par différents éléments : une fonction, un secteur d'activité économique, un niveau hiérarchique, une rémunération, une région.

---

1. Le jeu de mot est du au sens du vocable « *werben* » qui signifie « faire de la publicité » : vous faites donc la publicité du produit que représentent vos qualifications personnelles et professionnelles.

Il pourra également se présenter sous forme d'un produit, d'un service, d'un mode d'organisation, d'une mission ou d'un type de responsabilités.

## II – QUELLES SONT LES ATTENTES DES EMPLOYEURS ?

Die wichtigsten Qualifikationen für den Arbeitsmarkt
Aussicht der Arbeitgeber[2]

[Anhand dieser Qualifikationen können Sie sich selbst ein aussagefähiges «Stärken-Schwächen-Profil» erstellen. Benoten Sie von 1 bis 4 zum Beispiel und bitten Sie auch Ihre Bekannten um eine Einschätzung. So bekommen Sie neben der Selbstanalyse ebenfalls eine Fremdanalyse].

| | |
|---|---|
| Allgemeinbildung | culture générale |
| Analytische Fähigkeiten | esprit analytique |
| Anpassungsfähigkeit | adaptabilité |
| Aufgeschlossenheit | esprit ouvert |
| Ausbildung (gute) | bonne formation |
| Ausgeglichenheit | caractère équilibré |
| Äußeres (angenehmes) | prestance agréable |
| Begeisterungsfähigkeit, Enthusiasmus | enthousiasme |
| Belastbarkeit, Stressresistenz | résistant au stress, sens de la gestion du stress |
| Bereitschaft zur ständigen Weiterbildung | acceptant une formation continue |
| Beruflicher Ehrgeiz | ambition professionnelle |
| Beständigkeit | constance |
| Durchhaltevermögen | persévérance |
| Durchsetzungsvermögen | sens de l'autorité |
| Effizienz | efficacité |
| Eigeninitiative | prise d'initiative |
| Eigenverantwortlich(keit) | sens de responsabilité propre |
| Einsatzbereitschaft | réactivité |
| Engagement | engagement |
| Entschlusskraft | esprit de décision |
| Fachliche Kompetenz | compétence professionnelle |
| Flexibilität | flexibilité, souplesse |
| Formulierungsfähigkeiten, Wort und Schrift | aptitudes à l'expression orale et écrite |

---

2. Le relevé n'est pas exhaustif mais assez complet.

| | |
|---|---|
| Fremdsprachenkenntnisse | maîtrise de langues étrangères |
| Freundlichkeit | amabilité, souriant |
| Führungsqualitäten | capacités managériales |
| Innovativ | sens de l'innovation |
| Integrationsvermögen | capacité d'intégration |
| Interkulturelle Kompetenz | compétence interculturelle |
| IT-Kenntnisse | connaissances en technologie de l'information |
| Kommunikationsfähigkeit | savoir communiquer |
| Kommunikative Kompetenz | compétence communicative |
| Kommunikatives Verhalten | qualités relationnelles |
| Kompromissfähigkeit | capacité de compromis |
| Kontaktfreude | goût du contact |
| Konzentrationsfähigkeit | capacité de concentration |
| Konzeptionelles Denken | capable d'une démarche conceptuelle |
| Kooperation | coopération |
| Kreativität | créativité |
| Kritikfähigkeit | capable de critique constructive |
| Leistungsbereitschaft | réactivité |
| Lernbereitschaft, -fähigkeit | capacité à apprendre, perfectible |
| Logisches Denken | esprit d'analyse logique |
| Methodische Fähigkeiten | méthodique |
| Mobilität (hohe) | mobilité, grande – |
| Motivation | motivation |
| Offenheit | ouverture d'esprit |
| Organisationstalent, –vermögen | aptitudes à l'organisation |
| Persönlichkeit | forte personnalité |
| Problemlösungskompetenz | aptitude à résoudre les problèmes |
| Projektarbeit | travail sur des projets |
| Rhetorik | rhétorique |
| Selbstorganisation | sens de l'organisation |
| Selbstständigkeit | indépendance, autonomie |
| Selbstbewusst | sûr de soi |
| Selbstvertrauen | confiance en soi |
| Sicheres Auftreten | prestance |
| Software-Kenntnisse | maîtrise des outils informatiques |
| Soziale Kompetenz | compétence sociale |
| Sprachkenntnisse | connaissances de langues étrangères |
| Teamfähigkeit, Teamarbeit, teamorientiert | capacité de travailler en équipe |
| Überzeugungsfähigkeit | qualités de persuasion |
| Überzeugungsstärke | force de conviction |
| Unternehmerisches Denken | sens de l'entreprise |
| Verantwortungsbewusstsein | sens des responsabilités |
| Verhandlungsgeschick | aptitudes à la négociation |

| | |
|---|---|
| Zielstrebigkeit | ténacité |
| Zuhören können | capacité d'écoute |
| Zuverlässigkeit | fiabilité |

Vous trouverez ces attentes dans les Offres d'emploi des journaux, dans les présentations d'entreprise soit au niveau de la presse imprimée spécialisée, soit sur Internet. Le mot-clé est PROFIL. Cependant, il faut bien analyser les termes de cette rubrique. En général, elle figure sous la partie intitulée Votre Mission et constitue, à vrai dire, un conglomérat de deux aspects de votre personnalité : la compétence sociale et la compétence professionnelle[3].

Le tableau ci-dessus établit une liste relativement complète de la compétence sociale. Mais pour certains termes, il y a glissement de sens ; par exemple « aptitudes à la négociation », « capacité à travailler en équipe » ou « résistant au stress » représentent des qualifications tout aussi bien personnelles que professionnelles. Ce chevauchement est relativement récent et reflète bien l'importance grandissante de la compétence sociale.

Celle-ci relève presque du discours globalisant. On la retrouve sur le plan européen et anglo-américain. En vérité, il s'agit d'un profil idéalement souhaitable, on se trouve en pleine virtualité. Néanmoins, il faut la mettre à l'épreuve, tester au cours de la procédure[4]. Elle est examinée à deux niveaux : l'*assessment center*[5] et l'entretien d'embauche.

Les demandes d'emploi dans la presse écrite contiennent également des affirmations de ce type comme on les retrouve dans les Lettres de motivation. Une observation s'impose à ce sujet : il faut éviter, dans la mesure du possible, les affirmations pures et simples telles que « bon niveau d'anglais » ou « espagnol écrit et parlé » comme d'autre part : « j'ai une capacité à bien

---

3. Pour donner un exemple français typique : « **Votre profil** : A 25/40 ans, de formation technique (BTS, DUT électrique ou à dominante mécanique), vous avez une expérience de 3 ans en bureau d'études, de préférence en courants faibles, et maîtrisez parfaitement les outils Autocad, Word et Excel. Curieux et ouvert, vous aimez travailler en équipe et souhaitez vous investir sur des projets variés et complexes ».
4. Il est entendu que le seul test concluant, en vérité, constitue le travail en entreprise.
5. La place fait défaut pour traiter adéquatement cet aspect des procédures de recrutement.

communiquer » ou « j'ai un esprit d'analyse et de synthèse ». Ces affirmations sont vides de sens, on doit les « illustrer ». On dira, dans le cas de l'espagnol, « j'ai organisé et conduit des visites d'intérêt culturel à l'intention de visiteurs espagnols ».

Im dritten Kapitel können Sie bei den Unternehmensprofilen die Einstiegsbedingungen nachlesen. Dort setzt sich das Bewerberprofil aus der Fachlichen und der Persönlichen Qualifi-kation zusammen.

On devra établir des correspondances entre les qualifications de la liste ci-dessus et les préférences exprimées par les différentes entreprises lors de la présentation de leurs profils. On a procédé, en avril 1999, lors du 11e Congrès des Jeunes Diplômés, à une enquête auprès de 462 jeunes diplômés et 100 entreprises allemandes quant aux aptitudes souhaitées. Les résultats, les qualifications représentent en quelque sorte la quintessence des attentes et profils requis[6] :

les aptitudes citées (sur une échelle de 35) :
disposition à apprendre [26 ; 34].
compétence professionnelle [14,3 ; 25]
sens du contact / sens du travail en équipe / communication [22,8 ; 17]
mobilité / flexibilité [19,7 ; 13]
stages / expériences [12,5 ; 9]
connaissances des Nouvelles Technologies de l'Informa-tion [4,3 ; 5][7]

Diese Ergebnisse wären zu ergänzen durch Zusatzqualifikationen, die bei der heutigen Arbeitsmarktlage immer mehr an Bedeutung gewinnen:
(in dieser Reihenfolge)

– Fremdsprachenkenntnisse
– Projekt-/ Teamarbeit
– Kommunikations- / Informationstechnik
– Kundenservice / Beratung
– Qualitätssicherung
– Verkaufstraining[7]

---

5. Il s'agit de débutants.
6. Chiffre en gras : appréciation des entreprises.
7. Source : *Bundesinstitut für Berufsbildung*, simplifié.

# III – UN EXEMPLE DE BILAN PERSONNEL

## Equivalences approximatives

| | |
|---|---|
| **Fachliche Qualifikation:** Studium der Betriebswirtschaftslehre | **Formation :** bac + 4 ou 5. Ecole de commerce ou diplôme universitaire. |
| **Schwerpunktfach:** Absatzwirtschaft/ Marketing | **Dominante :** marketing, 3ᵉ cycle spécialisé. |
| **Berufliche Erfahrungen:** Mitarbeit in Projekten im Bereich von Multimedia-Werbung | **Compétences :** solides compétences en marketing base de données communication directe traditionnelle. |
| **Persönliche Qualifikationen:** Kreativität, Selbstständigkeit, Eigeninitiative, Team-orientierung | **Qualités :** ouverture vers les médias interactifs, forte capacité d'adaptation, pragmatisme et réactivité. |
| **Berufliche Tätigkeitsfelder:** 1) Marketing/ Vertrieb; 2) Multimedia-Bereich | **Secteurs professionnels :** 1) marketing et distribution ; 2) multi-médias. |
| **Potenzielle Arbeitgeber:** Unternehmen, die Marketingfachleute einstellen und Multimedia-Werbemaßnahmen planen; 2) Werbeagenturen; 3) Multimedia-Agenturen | **Employeurs potentiels :** des entreprises qui embauchent des spécialistes en marketing ; 2) des agences de publicité ; 3) des agences multi-media. |

CHAPITRE

**5**

# Choisissez l'offre qui vous convient

# I – UTILISEZ LA PRESSE ECRITE

## A. Pour ses innombrables offres d'emploi

> Der klassische Weg der Stellensuche führt bis auf weiteres über die Zeitungsanzeige, d.h. die Stellen-Angebote. In welcher Zeitung Sie die passende Stellenanzeige finden, hängt natürlich von Ihrem Profil ab, aber auch von Ihrem Beruf, der erstrebten Position und der gewünschten Region.
>
> In jedem Fall sollte das Studium von Stellenanzeigen für Sie zur Pflichtlektüre werden. Sie müssen sich die Zeit nehmen und eingehend Aufmachung und Wortlaut der in Frage kommenden Anzeigen studieren. Diese Analyse vermittelt Ihnen Informationen aus erster Hand über den deutschen Arbeitsmarkt.

L'annonce, l'offre d'emploi dans la presse écrite reste encore une des voies royales lors de la recherche d'emploi.

L'étude et l'analyse de ce marché représentent un véritable exercice d'interculturalité économique. Une comparaison même sommaire entre les offres d'emploi paraissant le samedi soit dans la *Süddeutsche Zeitung* soit dans la F.A.Z. et leurs homologues français, vous montre que les Annonces allemandes sont d'une part plus nombreuses et d'autre part bien plus détaillées. En voici un exemple caractéristique :

# Ωbase

Wir sind ein erfolgreicher IT-Dienstleister. Mit über 200 Mitarbeitern beraten und unterstützen wir unsere Kunden mit umfassenden Leistungen im Bereich IT-Consulting, Enterprise Solutions, Professional Services und Outsourcing. Als Tochtergesellschaft eines in München ansässigen Energiedienstleistungsunternehmen verfügen wir über ausgeprägte Branchenkenntnisse. Unsere Leistungen werden daher besonders von Kunden in Anspruch genommen, die im liberalisierten Energieversorgungsmarkt Unterstützung und maßgeschneiderte DV-Lösungen erwarten. Im Zuge der Ausweitung unserer Geschäftstätigkeit werden wir unsere Dienstleistungen auch verstärkt überregional anbieten. Zur Unterstützung dieser Entwicklung suchen wir weitere engagierte und leistungsorientierte Mitarbeiter/innen für folgende Unternehmensbereiche:

**Informatiker/in E-Business**

Ihre Aufgaben:

In unserem Competence Center Betriebswirtschaftliche Anwendungen wirken Sie in Kundenprojekten zur Entwicklung von innovativen IT-Lösungen wie Workflow oder E-Commerce mit. Sie analysieren eigenständig die komplexen Problemstellungen unserer Kunden und erarbeiten Lösungen auf der Grundlage von Standard- und Individualsoftware. Ihr Schwerpunkt liegt dabei auf inter bzw. intranetbasierten Applikationen. Während des gesamten Projektablaufes von der Akquise bis zur Betreuung der fertigen Lösung sind Sie für unsere Kunden der kompetente Ansprechpartner.

Ihr Profil:
Sie verfügen über ein erfolgreich abgeschlossenes Studium der Informatik oder der Wirtschaftsinformatik und haben bereits Berufserfahrung. Betriebswirtschaftliche Kenntnisse sowie Erfahrungen mit der Anwendung von modernem Software-Engineering unterstützen Sie bei Ihrer Arbeit. Neben einer ausgeprägten Kreativität sollten Sie über gute Englisch-Kenntnisse verfügen und über ein sicheres Auftreten. Wichtig ist die Bereitschaft, an unterschiedlichen Kundenstandorten tätig zu sein.

**Account-Manager/in**

Ihre Aufgaben:

In unserem Bereich Marketing und Vertrieb sind Sie für die Akquirierung anspruchsvoller IT-Projekte und die umfassende Betreuung von Geschäftskunden zuständig. Als verantwortlicher Ansprechpartner ermitteln Sie in Zusammenarbeit mit Ihren Kunden den individuellen Bedarf an IT-Dienstleistungen, entwickeln daraus ein spezifisches Angebot und gewinnen neue Geschäfte durch Überzeugungskraft und Verhandlungsgeschick.

Ihr Profil:
Neben einem abgeschlossenen betriebswirtschaftlichen Studium verfügen Sie über nachweisbare Erfolge im Vertrieb von beratungsintensiven Dienstleistungen der IT-Branche. Sie bringen idealerweise gute Kontakte zu Geschäftskunden und Partnerunternehmen in diesem Vertriebsgebiet mit. Sie haben Spaß am Erfolg und begeistern Kunden und Geschäftspartner durch Ihr überzeugendes Auftreten und Ihre Kommunikationsfähigkeit. Sie verfügen über ein verhandlungssicheres Englisch.

Diese Positionen bieten Ihnen die Möglichkeit, die noch junge Entwicklung unseres Unternehmens aktiv mitzugestalten. Dazu gehört eine attraktive und leistungsorientierte Vergütung ebenso wie eine intensive Einarbeitung in das Aufgabengebiet. Sind Sie interessiert an unseren Angeboten? Dann freuen wir uns auf Ihre Bewerbung. Diese senden Sie bitte an die von uns beauftragte

BERLAUER PERSONALBERATUNG GMBH,
Vogtstraße 12, 10696 Berlin.
http://www.stellen-online.de

L'étude doit en être minutieuse pour bien pondérer tous les termes afin de cerner avec toute la netteté souhaitée le Profil requis. Souvenez-vous : votre profil doit répondre pour au moins 75 % au profil demandé.

> Die meisten **Stellenanzeigen** weisen dieselbe Struktur[1] auf:
> – die Selbstdarstellung des Unternehmens/der Firma
> – die Beschreibung der Stelle
> – die Anforderungen an die Bewerber
> – die Leistungen des Arbeitgebers
> – die Bewerbungsformalitäten
> Der Blickfang einer Stellenanzeige besteht aus zwei Elementen:
> – Name des Unternehmens mit Firmenlogo
> – Stellenbezeichnung
> Die typografische Hervorhebung soll natürlich eine erste schnelle Orientierung erleichtern.

L'accroche d'une annonce est bien sûr destinée à mettre en avant la raison sociale et le poste à pourvoir, mais assure en même temps une fonction publicitaire ce que certaines entreprises exploitent à fond sur Internet. L'annonce qui suit montre bien cette démarche.

---

1. Il serait intéressant d'analyser en détail la technique de rédaction des annonces pour démontrer leur stratégie interactive, mais une telle approche dépasserait le cadre du présent livre. Sachez cependant que bien des annonces doivent être lues au second degré.

# BODEgarn

Unser Unternehmen produziert und vertreibt Polyamidfasern und -garne für die unterschiedlichsten Anwendungen auf dem europäischen Markt. Zur Verstärkung unserer Vertriebsaktivitäten suchen wir eine/n jüngere/n technisch orientierte/n

## VERKÄUFER/IN

Ihre zukünftige Aufgabe besteht darin, Kunden in Nordeuropa im Fibre-Vertrieb, Bereich „Weaving", umfassend und kompetent zu betreuen. Sie übernehmen dabei Umsatzverantwortung in mehrstelliger Millionenhöhe. Mit Ihrer technischen Kompetenz beraten und unterstützen Sie die Geschäftspartner und bilden im Haus die Nahtstelle zu Entwicklung und Produktion.

Unser idealer Kandidat, gerne auch eine Dame, hat eine abgeschlossene Ausbildung zum Textilingenieur oder -techniker oder hat sich die entsprechenden Kenntnisse in der Praxis angeeignet. Die Aufgabe erfordert Kontaktstärke und Kommunikationsfähigkeit in Verbindung mit Initiative, Kreativität und Durchsetzungsvermögen. Gute Englischkenntnisse sind aufgrund der internationalen Kundenbeziehungen unerlässlich, Französischkenntnisse wünschenswert. Die Bereitschaft zu intensiver Reisetätigkeit muss vorhanden sein. Gerne geben wir auch einem Berufsanfänger eine Einstiegschance.

Reizt Sie diese interessante Herausforderung mit längerfristiger Entwicklungsmöglichkeit in einem internationalen Umfeld? Dann bitten wir Sie um Zusendung Ihrer kompletten Unterlagen (tabellarischer Lebenslauf, Lichtbild, Zeugniskopien, Einkommensvorstellungen sowie frühestmöglicher Eintrittstermin) an **Bodegarn GmbH, Personalabteilung, Einfelderstraße 7, 38226 Braunschweig, Tel. 0352/589-3209 oder 0352/589-3836.**

**– Das Unternehmen stellt sich vor.**

*Die Selbstdarstellung beinhaltet:*

a) Name mit Firmenlogo
b) Größe und Marktstellung
c) Branche
d) Produktions- und/oder Dienstleistungsprogramm
e) Standort.

Ainsi lit-on dans l'annonce Ωbase tout de suite après le logo :

Wir sind ein erfolgreicher IT-Dienstleister. Mit über 200 Mitarbeitern beraten und unterstützen wir

... et plus loin :

Als Tochtergesellschaft eines in München ansässigen Energie-Dienstleistungsunternehmen verfügen wir über ausgeprägte Branchenkenntnisse.

Et, pour préciser les prestations et services :

Unsere Leistungen werden daher besonders von Kunden in Anspruch genommen, die im liberalisierten Energieversorgungs-markt Unterstützung und maßgeschneiderte DV-Lösungen erwar-ten.

Dès la première phrase, le lecteur apprend ce dont il s'agit : un poste dans le domaine des Nouvelles Technologies alors que nom et logo de l'annonce laissent subsister quelques inter-rogations.

En étudiant les annonces qui pourraient présenter quelque inté-rêt pour votre candidature, vous devriez relever et noter – en établissant en quelque sorte un fichier personnel – les tour-nures, expressions et informations pertinentes ainsi que les mots-clés : elles vous serviront lors de la rédaction de votre Lettre de motivation.

Souvent, les entreprises de renommée internationale ou les grandes marques renoncent à leur auto-présentation supposant que le lecteur connaisse la gamme de leurs produits ou de leurs services. Mais attention, vous qui, en principe, n'avez pas vécu de façon continue dans l'environnement économique et social du pays, vous êtes tenu de vous renseigner sur l'entreprise en question. N'oubliez pas : surtout vous qui venez de l'extérieur, vous êtes censé être informé et ce fait sera, dans votre cas, doublement apprécié.

> Der eigentliche Blickfang jeder Anzeige ist die **Stellenbezeichnung**. Typografisch hervorgehoben (groß und fett gedruckt) signalisiert sie, welche Position von der Firma ausgeschrieben wird, z.B.:"Personalreferent", "Webmaster", "Informatiker", "Verkäufer" usw.
>
> **– Die Beschreibung der Stelle**
>
> a) Stellenbezeichnung
> b) Aufgaben- und Tätigkeitsbeschreibung
> c) Kompetenzen und Vollmachten
> d) Verantwortlichkeiten
> e) Aufstiegschancen

L'annonce $\Omega$base est bien structurée à cet égard. Une symétrie parfaite entre les deux postes à pourvoir :

> *– Ihre Aufgaben*

– Votre mission.

Ce texte est à lire attentivement. Il spécifie, de façon détaillée, vos fonctions, vos tâches et responsabilités. Il est évident que vous allez vous y référer par la suite : d'une part dans la Lettre de motivation et, d'autre part, au cours de l'entretien. On pourrait dire que l'annonce figure quasiment comme une pièce à conviction.

On vous demande d'intervenir à plusieurs niveaux :

> [...] wirken Sie in Kundenprojekten zur Entwicklung von innovativen IT-Lösungen [...] mit.
> [...] Sie analysieren eigenständig die komplexen Problemstellungen unserer Kunden [...].

Ihr Schwerpunkt liegt dabei auf inter- bzw. intranetbasierten Applikationen.

L'annonce BODEgarn précise que la mission du commercial

besteht darin, Kunden in Nordeuropa [...] umfassend und kompetent zu betreuen [und] dabei Umsatzverantwortung in mehrstelliger Millionenhöhe [zu] übernehmen.

Sa compétence technique lui permettra de conseiller et d'assister les partenaires commerciaux et d'assurer les suivi entre développement et production.

Der zweite Teil der Anzeige betrifft die **Anforderungen** an den Bewerber:
– *Ihr Profil*

Il s'agit de la partie la plus délicate de l'annonce. Toutes les entreprises cherchent le candidat idéal tout en sachant qu'il n'existe que très rarement. Les formules mentionnant le terme « idéalement » ne sont pas rares ; en français par exemple : « ...avec une expérience de la fonction, idéalement sur des sites gérés en dynamique ... » ou encore : « De formation ingénieur, idéalement complétée d'un 3e cycle marketing ... ». Il en va de même en allemand. Voyez l'annonce BODEgarn.

Unser idealer Kandidat, gerne auch eine Dame, hat eine abgeschlossene Ausbildung ...

Il faut faire la part des choses en analysant une annonce, on doit la décrypter et savoir lire entre les lignes. Surtout, il n'y a pas lieu de se laisser décourager par les exigences quelque peu maximalistes des entreprises. Comme pour l'entretien, une part de la procédure relève du rituel.

Es scheint zweckmäßig, Anzeigen nach drei Kriterien zu analysieren:

a) Die so genannten Kann-Bedingungen. Man liest Umschreibungen wie "wäre ideal", "wäre wünschenswert", "wäre von Vorteil". So steht in der Anzeige BODEgarn : "Französischkenntnisse wünschenswert". Unter keinen Umständen sollten Sie auf eine Bewerbung verzichten, wenn Sie eine solche Anforderung nicht erfüllen.
b) Das eigentliche Profil, d.h. Anforderungen, die als unabdingbare Voraussetzungen angegeben sind. So stehen im selben Abschnitt dieser Anzeige: "Gute Englischkenntnisse sind aufgrund der internationalen Kundenbeziehungen unerlässlich, [...] Die Bereitschaft zu intensiver Reisetätigkeit muss vorhanden sein".

Il serait donc tout à fait inutile de poser sa candidature pour ce poste sans la maîtrise de la langue anglaise et sans une grande mobilité. Ce qui tombe ainsi sous la rubrique « Profil requis », c'est tout simplement la qualification professionnelle. Il peut y avoir des compensations par le jeu des équivalences : « ... de formation supérieure de type ESC ou équivalent ... Dans l'annonce Ωbase on lit :

Sie verfügen über ein erfolgreich abgeschlossenes Studium der Informatik oder der Wirtschaftsinformatik ...
In jedem Fall bedeutet Ihre fachliche Qualifikation eine unerlässliche Bedingung.
Wie schon im vierten Kapitel ausgeführt, gewinnt in der sich ständig wandelnden Arbeitswelt die Sozialkompetenz immer mehr an Bedeutung bei den Einstellungskriterien, d.h.
c) Die sozialen Qualifikationen nehmen auch in den Anzeigen einen breiten Raum ein.

L'aspect de la compétence sociale est amplement traité au chapitre consacré aux profils personnel et professionnel. Dans ce chapitre-ci, il y a lieu de mettre en garde le postulant contre une lecture hâtive des critères de compétence sociale.

Die in den Anzeigen angesprochenen sozialen Kompetenzen sollte man nicht als Floskeln behandeln oder als eine Formsache. Wenn von einem Bewerber "Teamfähigkeit" oder "Belastbarkeit" verlangt wird, so sind das keine leeren Worte.

Vous devez vous devez vous demander si vous êtes réellement capable de travailler en équipe, avec d'autres sur un projet par exemple. Ou si vous avez une bonne résistance au stress ; ce n'est pas une formule vide de sens : vous pourriez vous trouver dans des situations où vous devez mobiliser toutes vos ressources et assumer des tensions aussi bien sur le plan physique que mental.

### – Die Leistungen des Arbeitgebers

In vielen Anzeigen werden im letzten Teil eventuelle Leistungen der Betriebe angeführt, Angebote und Vorteile. Dazu gehören auch Einarbeitungs- und Weiterbildungsangebote. So steht in der Anzeige Ωbase unten: "Diese Positionen bieten Ihnen die Möglichkeit, die noch junge Entwicklung unseres Unternehmens aktiv mitzugestalten. Dazu gehört eine attraktive und leistungsorientierte Vergütung ebenso wie eine intensive Einarbeitung in das Aufgabengebiet". In einer der im Anhang abgedruckten Annoncen, liest man eine ausgesprochene Eigenwerbung der Firma: "Zu unseren attraktiven Rahmenbedingungen und leistungsorientierten Incentives gehören selbstverständlich auch Stock Options". Sehr viele Leistungen befinden sich nicht in der Anzeige – wie Urlaubs- und Weihnachtsgeld, Umsatzbeteiligungen u.a. – darüber werden Sie Näheres im Vorstellungsgespräch erfahren.

Il n'est pas fréquent de trouver des mentions de ce genre à la fin d'une annonce française. Pourtant, il en existe dans l'espace francophone. Ainsi lit-on dans une annonce provenant de Lausanne « Avantages : – utilisation des technologies les plus récentes, – possibilité de formation, – liberté d'organiser son temps de travail, ... ». Une autre dans celle d'une jeune entreprise des Nouvelles Technologies : « Un plan de formation individuel et une rémunération attractive seront associés à votre progression ... ». Il n'est point dans l'habitude française de donner, dans l'annonce, des informations sur les rémunérations. Nous en avons trouvé deux mais émanant d'entreprises allemandes : « Rémunération motivante + prime, frais remboursés et voiture fournie » ; et « Votre rémunération, d'une base annuelle de 200 KF, sera réévaluée dès la fin de votre apprentissage ».

Den Schluss der Anzeige bilden:

– *Die Bewerbungsformalitäten*

Les annonces se terminent presque immanquablement par les formules : « Merci d'adresser votre CV, photo et prétentions/ votre dossier de candidature (lettre, CV, photo, rémunération actuelle)/votre dossier de candidature complet... En allemand, il en va de même :

"Wenn Sie diese Herausforderung reizt, dann bitten wir Sie um Zusendung Ihrer kompletten Unterlagen (tabellarischer Lebenslauf, Lichtbild, Zeugniskopien, Einkommensvorstellungen sowie frühestmöglicher Eintrittstermin) an ...". Alle im Buch abgedruckten Anzeigen enthalten diese Schlussformeln.

Le dossier de candidature est traité en détail au chapitre VI. Il reste à ajouter que les pièces doivent être envoyées dans un délai d'une semaine à dix jours. Si l'entreprise indique un délai précis, il doit être absolument respecté. Un contact téléphonique est conseillé uniquement si l'annonce indique un numéro d'appel.

## B. Pour y insérer votre demande d'emploi

Selbst eine Anzeige schalten, wird generell als positiv bewertet: Sie übernehmen die Initiative. Man nimmt an, dass Sie wissen, was Sie wollen. Voraussetzung ist eine gründliche Selbstanalyse, in der Sie Ihre Berufswünsche und Ihre Qualifikationen klar auf den Punkt gebracht haben. Weiter ist es zweckmäßig zu wissen, wer als potenzieller Arbeitgeber für Sie in Frage kommt.

En insérant une annonce, vous prenez l'initiative, tout au moins dans un premier temps. Une condition indispensable est l'établissement de votre profil personnel et surtout professionnel. Il faut que vous sachiez ce que vous voulez, car c'est en fonction de vos qualifications que vous devez cibler votre employeur potentiel.

Ein Stellengesuch ist ein typischer Fall von Eigenwerbung: Sie müssen Ihr Produkt, d.h. Ihre eigene Arbeitskraft an den Mann bringen. Also müssen Sie professionell vorgehen.

Stellen Sie einen kurzen Fragekatalog auf:

1) In welcher Form gestalte ich das Gesuch?
2) In welcher Zeitung inseriere ich mein Gesuch?
3) Welche Elemente muss mein Gesuch enthalten?

Studieren Sie die Stellengesuche in den Zeitungen, z.B. Die Süddeutsche und erstellen Sie sich selbst Ihre Anzeige:

### Dipl.-Wirtschaftsingenieur (TU)

38 J, ungekündigt, stark verkaufsorientiert, mehrjährige internationale Erfahrung im Anlagen- und Apparatebau und als Verkaufsdirektor, sucht neuen Wirkungskreis, Sprachen: Deutsch, Englisch, Französisch
Zuschriften erbeten unter ⌐ ZS 5544773 an SZ

Breite Anzeigen fallen eher auf als vertikal ausgerichtete Annoncen.

In Ihrer Anzeige müssen unbedingt Ihre Ausbildung und Ihr Alter stehen sowie Ihre Fähigkeiten und Qualifikationen neben der gesuchten Position und dem Weg der Kontaktaufnahme.

Da Sie im deutschsprachigen Raum Ihren Tätigkeitsbereich suchen, kommen für die Schaltung der Anzeige praktisch nur die überregionalen Zeitungen in Betracht oder die Fachzeitschriften.

Es sei darauf hingewiesen, dass man für ein Stellengesuch zwischen 100 und 600 DM einkalkulieren muss. Die Kosten hängen einerseits von der Häufigkeit und der Größe der Schaltung ab und andererseits von der Art der Zeitung.

Vous n'êtes pas sans avoir remarqué que les demandes d'emploi sont bien moins nombreuses que les offres et nettement moins longues. Une des raisons en est bien entendu le coût. Mais si vous avez décidé de passer par cette voie de recherche, vous devez insérer dans les grands quotidiens ou les publications spécialisées. Il faut viser haut pour avoir une chance d'être lu.

En France, la procédure d'insérer une demande d'emploi dans la presse écrite semble sur le déclin[2].

On constate une évolution de plus en plus marquée vers la Recherche en ligne, la voie électronique. Le site jobpilot.fr commence à être connu et pour la Recherche Demandes d'emploi, on dispose d'Initiatives/Emploi, un Service gratuit d'offres et de demandes d'emploi (www.init-emploi.tm.fr). La candidature en ligne sera l'objet de la seconde partie de ce chapitre.

# II – AYEZ RECOURS AUX MEDIAS ELECTRONIQUES ET A LA CANDIDATURE SUR INTERNET

## A. Les avantages de la candidature en ligne

Der Stellenmarkt erlebt momentan durchgreifende Veränderungen. Das Internet wird immer mehr zu einer unumgänglichen Alternative zum klassischen Stellenmarkt. Weit über 60% der deutschen Firmen schalten ihre Stellenanzeigen nicht nur in den herkömmlichen Printmedien (Zeitungen und Zeitschriften), sondern auch im Internet. In einigen Branchen – EDV IT Multimedia – scheint die Personalsuche fast ausschließlich über das Netz zu laufen.

Praktisch alle Phasen und Aspekte des Bewerbungsverlaufs/ -vorgangs können über das Internet abgewickelt werden:

– Die Suche nach und das Finden von geeigneten Stellenangeboten
– Das Schalten von Stellenanzeigen
– Die Suche nach potenziellen Arbeitgebern
– Die Vermittlung von Personalberatern
– Die Kontaktaufnahme durch / über E-Mail
– Die Anfertigung und Gestaltung der Bewerbungsunterlagen
– Die Vorbereitung von Vorstellungsgesprächen

Für die nachwachsende Generation ist Internet zu einem selbstverständlichen Kommunikationsmedium geworden.

---

2. So würde ein Europäer, wollte er in Frankreich einen Job finden, wohl kaum in einer französischen Zeitung ein Stellengesuch schalten.

So werden häufig Traineepositionen, Praktikantenstellen und Studentenjobs über das Internet vermittelt.

Doch ist Vorsicht geboten und vor Euphorie wird gewarnt. Manche Firmen gehen bei der Personalrekrutierung nicht mit der nötigen Sorgfalt vor: Stellenangebote werden nicht regelmäßig aktualisiert, E-Mail-Bewerbungen erst nach Tagen oder Wochen gelesen und oft überhaupt nicht beantwortet.

Die Darstellung eines Unternehmens im Web muss Seiten enthalten, die durch einfache Benutzung, klare und übersichtliche Gliederung überzeugen; sie sollten ausführliche Informationen über offene Stellen und über das Unternehmen bieten sowie eine Bewerbung per E-Mail ermöglichen.

Die Vorteile des Internets liegen auf der Hand: Die Stellensuche wird einfacher und preisgünstiger; der Zeitgewinn ist offensichtlich wie die häufigere Aktualisierung der Daten. Ebenso stellt die rapide Kontaktaufnahme zu Arbeitgebern ein nicht zu unterschätzendes Plus dar.

Als Beispiel sei folgendes Interview eines Personalverantwortlichen in einem großen, international tätigen Unternehmen zitiert [3].

## LA CANDIDATURE ELECTRONIQUE

*Frage:* Bei der Schmieder AG besteht seit vier Jahren die Möglichkeit, sich online zu bewerben. Welche Erfahrungen haben Sie damit gemacht?
*Antwort:* Am Anfang war das eine tolle Möglichkeit für uns, Internet-Experten zu rekrutieren. Heute ist das anders. Es sind insbesondere Hochschulabsolventen, die uns elektronische Bewerbungsmappen zusenden.
*Frage:* Welche Wege der elektronischen Bewerbung gibt es?
*Antwort:* Auf unserer Homepage findet sich ein Formular, in das ein Kurzlebenslauf eingetragen und an uns geschickt werden kann. Außerdem nehmen wir Bewerbungen per E-Mail entgegen, an die man den

La candidature en ligne gagne de plus en plus de terrain. Simple, directe et internationale, elle ne cesse d'être appréciée par les responsables du personnel et les recruteurs.

Gain de temps, moindre coût et forte réactivité, voilà ce qui explique la faveur dont bénéficie le recrutement en ligne de la part des entreprises

Un responsable de RH : « Entre l'insertion d'une annonce dans un journal et le moment où je reçois une réponse, ils peuvent se passer peut-être deux semaines. Avec Internet, le jour même il m'arrive une vingtaine de candidatures. »

---

3. L'interview est virtuel en ce sens qu'il ne trouve pas d'ancrage personnalisé, mais ses données sont bien réelles ; il eut lieu en juillet 1999 dans l'hebdomadaire *Die Zeit.*

Lebenslauf und andere Dokumente anhängen kann.
*Frage:* Worin sehen Sie die Vorteile einer Bewerbung via Internet?
*Antwort:* Bewerber wie Unternehmen sparen Zeit und Geld: kein Kopieren, kein Porto, kein Gang zum Briefkasten. Sobald die Dokumente elektronisch vorliegen, können sie beliebig oft versendet werden. Der Kandidat kann sich von überall auf der Welt bewerben, und wir können direkt reagieren und die Unterlagen schnell intern weiterleiten. Ausdrucken kann man die Papierversion ja außerdem immer noch.
*Frage:* Wo sind die Nachteile?
*Antwort:* Solange so viele unterschiedliche Dateiformate existieren, kommt es immer wieder vor, dass man ein Dokument nicht öffnen kann. Und die einfache Methode verleitet manchen zu undifferenzierten Aktionen im Schnellverfahren, die gar nicht erfolgreich sein können.
*Frage:* Raten Sie zur Online-Bewerbung?
*Antwort:* Wenn die Bewerbung die erforderlichen Dokumente mitliefert: absolut. Abraten würde ich davon, sich auf einer eigenen Homepage zu präsentieren und lediglich auf die Web-Adresse zu verweisen. Die Geduld, sich erst die relevanten Informationen zusammenzusuchen, besitzt keine Personalabteilung dieser Welt.
*Frage:* Wird sich die Online-Bewerbung durchsetzen?
*Antwort:* Davon bin ich überzeugt. In zehn Jahren werden Bewerbungen auf Papier die Ausnahme sein.

Dix annonces passées sur Email Job reviennent à 5 900 F (900 EUR) contre 20 000 à 40 000 F (3 050 à 6 100 EUR) pour une seule annonce sur un support papier. « En termes de coût, une annonce passée sur Internet est quatre à cinq fois moins élevée qu'une annonce publiée dans un journal », d'après une responsable des recrutements.

La facilité de traitement en ligne constitue un atout majeur pour les entreprises : les candidatures arrivent directement dans la boîte aux lettres électronique ce qui permet aux recruteurs de répondre à presque tous les candidats, d'une façon ou d'une autre.

La portée internationale du nouveau média est évidente : l'éventualité de trouver via Internet « un attaché commercial tourné vers l'exportation possédant une parfaite maîtrise de l'anglais et ayant de solides connaissances d'allemand » est décuplée par les virtualités de la Toile.

Le recruteur allemand recommande la candidature en ligne à condition qu'elle soit accompagnée des pièces nécessaires.

Une condition de la réussite d'une candidature réside dans le fait qu'elle soit brève, succincte et précise mais néanmoins suffisamment informative.

Les deux écueils à éviter : la longueur de la lettre et les candidatures passe-partout. Les candidats doivent être mis en garde contre les envois en masse, neutres en quelque sorte et par là-même anonymes.

# B. Les sites d'emploi/de recrutement passés au crible

## STELLENBÖRSEN UND MÄRKTE IM INTERNET
(Eine Auswahl aus dem deutschsprachigen Sprachraum) [4]

## SITES EMPLOI / DE RECRUTEMENT SUR INTERNET
Toutes les adresses sont précédées de http://www.

akademiker-online.de — Plus de 25 000 offres pour jeunes universitaires ; on y trouve même des opportunités pour jeunes diplômés en Sciences Humaines.

arbeitsamt.de — Le site de la BA [5], l'agence nationale pour l'emploi, est incontournable. Vous trouverez sur la Page d'Accueil des informations et des *links* intéressant des *Angebote für Europainteressierte* et surtout la ZAV : la *Zentralstelle für Arbeits-vermittlung* [6]. Ce dernier service offre, parmi d'autres, des opportunités aux demandeurs d'emploi venant d'autres pays de l'UE.

berufskunde.com — Adresses et contacts concernant différentes activités professionnelles et métiers. Les régions visées : Allemagne, Autriche, Suisse, France et Italie.

berufswelt.de — Un ensemble d'Annonces classées sous des rubriques professionnelles du quotidien *Die Welt*.

career-base.de — Il s'agit d'une banque de données constituée à l'initiative de MLP et de SAP pour de jeunes diplômés et cadres de formation universitaire. Plus de 400 entreprises l'utilisent pour leur recrutement. Le niveau est relativement élevé.

cesar.de — Méta-moteur de recherche dont le « JobAgent » vous permet de visiter une vingtaine de sites de recrutement dans

---

4. On consultera avec profit le *deutsche-internetadressen.de*, Arcum/Vectrum. La 4ᵉ édition, 2000, contient 7000 adresses de l'espace germanophone.
5. *Bundesanstalt für Arbeit*.
6. Villemombler Straße 76, 53123 Bonn. Tel.: (02 28) 7 130 ; Fax: (02 28) 7 1311 11.

|  |  |
|---|---|
|  | l'espace germanophone. Adresse incontournable. |
| competenceonline.de | Etablissement d'un Profil, d'un dossier en ligne et confection d'une candidature vidéo en vue d'un entretien. |
| consultants.de | Un site très informatif qui contient un *Stellenmarkt* bien fourni, les *Stellengesuche* pouvant être insérées gratuitement. Vous pouvez poser votre candidature. Une *Karriereberatung* est à votre disposition ainsi qu'un *Beratermarkt*[7]. |
| deutscherstellenmarkt.de | Un des sites de recrutement les plus performants ; grande flexibilité et actualisation quotidienne. |
| dv-job.de | Site de recrutement pour spécialistes en informatique et technologies de l'information (IT). |
| eurojobs.com | *information about work in Europe* |
| faz.de/stellenmarkt | *Frankfurter Allgemeine Zeitung*, un quotidien que les lecteurs de ce livre connaissent. Les Offres d'emploi du samedi ont une notoriété internationale. |
| fr-aktuell.de | *Frankfurter Rundschau*, quotidien, important *Stellenmarkt* le samedi de portée nationale. |
| focus.de/jobs | La Page d'Accueil de l'hebdomadaire Focus présente un intéressant *Stellenmarkt*, plus de 4000 offres ; des services de conseils quant au marché du travail et des modalités de recrutement. dispose également d'un annuaire d'entreprises, classées d'après secteurs d'activité et raison sociale. |
| germanywork.de | Site couvrant l'Allemagne, l'Autriche et la Suisse aussi bien pour les offres que pour les demandes d'emploi. |
| hotel-career.de | Le site présente aux candidats un choix assez large d'offres d'emploi ainsi que la |

---

7. *Cf.* documents reproduits.

possibilité d'obtenir des informations sur les différents postes et les employeurs potentiels.

jobfair24.de

Il s'agit du premier forum virtuel de recrutement interactif à 3D destiné aux étudiants, jeunes diplômés et aux « Young Professionals ». On entre en contact direct avec les recruteurs, via Internet et en temps réel. Il existe des links vers « recherche d'emploi » et « candidature en ligne ».

jobs.de

Le site contient un relevé alphabétique d'entreprises.

jobinteractive.com

L'insertion de demandes et offres d'emploi y est gratuite et on y trouve près de 10 000 jobs dans les trois pays germanophones. Une de ses qualités est sa lisibilité.

jobonline.de

Candidature en ligne directe, près de 2 400 offres. Plusieurs services supplémentaires ; insertion gratuite d'offres et de demandes d'emploi. De consultation facile.

job-pages.de

Cet opérateur publie en ligne, pour une somme d'environ 400FF, votre dossier de candidature pour une durée de trois mois.

jobpilot.de

jobs.adverts.de

Le site Jobs & Adverts se trouve sur Internet sous plusieurs adresses par exemple : jobpilot.de ou jobs.adverts.de.

Le site est très riche – il fait partie des plus grands dans l'espace germanophone – et bien structuré. Les demandes d'emploi sont gratuites. Un "must"[8].

jobs.computerwoche.de

Le Magazin für *Hochschulabsolventen und Berufseinsteiger "Computerwoche"* y publie en association avec l'hebdomadaire *"Focus"* des offres du secteur informatique.

jobrobot.de

Moteur de recherche allemand très performant. En plus, vous y trouverez des conseils de spécialistes quant aux straté-

8. Cf. documents reproduits.

gies de poser sa candidature. On y trouve de même un agenda concernant les différents forums et salons. A utiliser en complémentarité avec le *ZEIT-Robot*.

jobware.de

Bourse d'emploi pour spécialiste et cadres. Il n'y a que des offres, nationales et internationales, à partir de 585 euros pour quatre semaines, pas de demandes d'emploi. Jobware assure également un rôle de conseil, de consultant quant aux questions de la procédure de candidature, du droit de travail, de la fiscalité. Des contributions de qualité sont rédigées par d'excellents spécialistes.

jobworld.de

Un méta-moteur de recherche de dimension euro-péenne [9]. Plus de 100 000 offres d'emploi y peuvent être interrogées. Un départ idéal pour votre recherche en ligne.

jobs.zeit.de

Le *ZEIT-Robot* est le moteur de recherche de l'hebdo-madaire *DIE ZEIT*. Il s'est spécialisé dans la recherche d'emploi dans l'espace germanophone. Le nombre de plus de 60 000 offres font de lui un des plus grands marchés d'emploi sur le Net.

karrieredirekt.de

Destiné aux emplois des *Fach- und Führungskräfte* initié par la *Verlagsgruppe Handelsblatt*, numéro 1 des périodiques économiques. On y trouve environ 2 000 offres pour cette catégorie socio-professionnelle. Informations actualisées sur les forums et un *newsletter* très informatif.

kienbaum.de/de/persbera/bewerben

Des conseils précieux concernant la recherche d'emploi et les candidatures, consultation obligatoire pour le chercheur d'emploi. On trouve les offres proprement dites de Kienbaum – Consultants que connaissent bien les lecteurs des Annonces – sous *http://www.kienbaum.job.de*.

monster.de

Intéressant pour la recherche de jobs tant au niveau allemand qu'à l'international.

---

9. *Cf.* documents reproduits.

|  | Est un méta-moteur de recherche. En plus, possibilité de rédaction d'un CV. |
| --- | --- |
| stellenanzeigen.de | Un ensemble très lisible comportant un fil conducteur pour le demandeur d'emploi ; possibilité d'e-mails et de candidature en ligne. Cet *URL* contient un grand nombre d'offres relevant des Technologies Nouvelles. |
| stellenmarkt.de | Un des sites de recrutement les plus fréquentés d'Allemagne. Un masque de recherche simple et efficace. |
| stepstone.de | Près de 65 000 offres d'emploi aussi bien pour débutants que pour cadres et spécialistes ; environ 11 000 concernent le marché allemand, le reste les pays nordiques (danois, norvégien et suédois). |
| sueddeutsche.de | *Süddeutsche Zeitung*, München, quotidien. Offres d'emploi le samedi. |
| welt.de | *Die Welt*, Berlin, quotidien. Offres d'emploi le samedi. |
| wwj.de | *Worldwidejobs*, possibilités de recherche à l'international. |

Erfolge bei Ihrer Job-Suche erzielen Sie oft nur über Suchmaschinen, die sich als unumgänglich erweisen. Vergessen Sie nicht: Das Internet ist ein schnelllebiges Medium, immer mehr Jobbörsen erscheinen im Netz, da helfen Spezialsuchmaschinen weiter. Auch das Internet ist ein permanenter Lernprozess.

Voici une liste de quelques moteurs de recherche connus et performants en se plaçant sur le plan germanophone et international.

| *NATIONAL* | *INTERNATIONAL* |
|---|---|
| www.altavista.de | www.altavista.com |
| www.dino-online.de | www.excite.com |
| www.excite.de | www.hotbot.com |
| www.fireball.de | www.webcrawler.com |
| www.infoseek.de | www.yahoo.com |
| www.lycos.de | |
| www.web.de | |
| www.yahoo.de | |

> Zusammenfassend wäre zu sagen: Zum gegenwärtigen Zeitpunkt scheint es zweckmäßig bei der Stellensuche beide Strategien parallel oder ergänzend zu nutzen.

Il serait judicieux d'employer les deux procédures en complémentarité tout en choisissant à bon escient. Si vous postulez dans un environnement informatique, il serait incongru de passer par la voie conventionnelle et de ne pas poser votre candidature en ligne.

Voici à titre d'exemple quelques pages trouvées sur les sites Internet des recherches d'emploi.

jobpilot.de

Wirtschen
**Key Account Manager**

**Europcar**

You want success?
**You want Oportunities?**
**We want YOU!**

Home Unternehmen Presse Investor Relations Über uns Kontakt Karriere bei uns Hilfe

## Stellenangebote

Stellenangebote der Firma: HAVAS Interactive Deutschland GmbH

My Jobpilot

Stellenangebote
Stellengesuche
Karriere-Journal
Firmenübersicht
Firmenprofile
Umfrage

- 4 Stellenangebote -

| Nr. | Eingang | Stellenangebote | Firmensitz/Büro | Ref.-Nr. |
|---|---|---|---|---|
| 1 | 10.04.2000 | Redakteur/in | Dreieich | 149844ag.htm |
| 2 | 10.04.2000 | Marketing Assistant/in | Dreieich | 149844bg.htm |
| 3 | 10.04.2000 | IT Projektkoordinator/in | Dreieich | 149844cg.htm |
| 4 | 10.04.2000 | Kundenservice | Dreieich | 149844dg.htm |

Bitte beziehen Sie sich bei Ihrer Bewerbung auf Jobs & Adverts.

Jobticker
Die heißesten Jobs für Sie zusammengestellt

Jobs für Sie im Ausland
Stellen mit Dienstsitz im Ausland für Bewerber aus Deutschland

Profpool
Der Jobs & Adverts Stellenmarkt für Forschung und Lehre

Campus-Service
Unternehmen präsentieren sich Absolventen

Praktika
Finden Sie Ihren Praktikumsplatz

Ausbildungs-platzbörse
Auf der Suche nach einer passenden Lehrstelle?

Jobs & Adverts

HAVAS Interactive ist ein weltweit führender Anbieter von Computer-Spielesoftware, Lernsoftware und Productivity-Software. Zu unseren Marken zählen weltbekannte Entwicklungsstudios wie Blizzard Entertainment, Sierra On-Line, Coktel, Knowledge Adventure, Syracuse Language Systems, Nathan Multimedia und Larousse Multimedia. HAVAS Interactive Deutschland GmbH ist Tochter der französischen HAVAS-Mediengruppe und Teil von VIVENDI.

**HAVAS interactive** DEUTSCHLAND

Unser Unternehmen strebt an, eine der weltweit führenden Firmen im interaktiven Content Markt für alle Plattformen zu werden sowie an vorderster Front der Internet Revolution zu stehen. In diesem Rahmen wird einen Portal für den Bereich Edutainment geschaffen: Education.com. Education.com hat das Ziel, der führende E-service Provider in Europa für den Bereich Lernen zu werden.

# Online RedakteurIn "e-Learning"

**Aufgaben:**

- Inhaltliche Gestaltung und Aktualisierung eines Online-Magazins (Kurznachrichten und Berichte)
- Regelmäßige Gestaltung, Auswertung und Abwicklung eines Gewinnspiels
- Recherche nach kindgerechten Internet-Seiten
- Organisation und Moderation von Chats und Foren für Kinder
- Auswertung des Feedbacks der Kinder

**Profile:**

- Exzellente schriftliche Kommunikationsfähigkeit in Deutsch
- Kenntnis der neuen deutschen Rechtschreibung
- Fähigkeit, zielgruppenrelevante Themen zu antizipieren, über adäquate Kanäle zu recherchieren sowie die kindgerechte Umsetzung von Texten
- Grundkenntnisse im Umgang mit Bildverarbeitungsprogrammen (Paint Shop Pro) und FTP-Programmen
- Grundkenntnisse in HTML (soweit es die Gestaltung von Texten anbetrifft)

**Wenn Sie diese Aufgabe reizt, dann richten Sie bitte Ihre aussagekräftige Bewerbung mit den üblichen Unterlagen an:**

Havas Interactive Deutschland GmbH
Education.com
Robert-Bosch-Strasse 32
63303 Dreieich

http://www.havas-interactive.de

email: bewerbungen@education.com

Bitte beziehen Sie sich bei Ihrer Bewerbung auf Jobs& Adverts!
Jobs & Adverts Homepage | Diese Seite weiterempfehlen

# JOBworld

Europas große Meta-Stellensuchmaschine

www.ingenieurweb.de

24. Juli 2000: Live-Suche in über 272.553 Jobs aus 159.769 Stellenanzeigen (weltweit: 565.837)

Tipp der Woche: Gesucht: Profis aus IT und Telekommunikation.

Gehaltsvergleich: Alle Löhne von A bis Z

JOBworld-Newsletter mit persönlichem Job-Index

**Stellenmärkte**

- Monsterboard.com
- Topjobs.ch
- Infineon Technologies
- Ingenieurweb
- JobMagazin
- Job-Consult.com
- Jobuniverse
- Berufsstart
- Computerwoche
- DV-Job
- GermanyWork
- Jobinteractive

- Jobs&Adverts
- Jobticket
- Jobware
- Job-Scout24
- KarriereDirekt
- mamas
- Newsgroups
- Stellenbörse
- Stellenmarkt
- Stellen-Online
- StepStone

**Suchanfrage**

Branche    *** beliebig ***

Funktion    *** beliebig ***

Stichwort(e)

Suchoption    Alle Begriffe finden (UND)

PLZ/Region    ---Keine Einschränkung---

Kurzanleitung: 1 - 3 Suchbegriffe eingeben und    Frage absenden

# consultants.de

WILLKOMMEN · NEWS & FACTS · TOP TEN · GÄSTEBUCH · KONDITIONEN · HILFE !

EMAIL

HOMEPAGE
BERATERMARKT

ANGEBOTE
GESUCHE
KARRIERE
SERVICE
INTERIM
HEADHUNTER

## Karriereberatung

### Basisinformationen

- Vorwort des Herausgebers
- Karriereplanung - nicht nur Glückssache - Gastbeitrag
- Projekt Bewerbung
- Stellenanzeigen genauer betrachtet - Gastbeitrag
- So präsentieren Sie sich gekonnt im telefonischen Vorkontakt
- Die schriftliche Bewerbung - Gastbeitrag
- Leitfaden zur Erstellung von Anschreiben, mit erfolgreichen Mustern
- So erstellen Sie einen ansprechenden Lebenslauf
- Tücken im Lebenslauf: einige Vorschläge, wie Sie sich clever verhalt
- Das Bewerbungsfoto - Gastbeitrag
- Das Interview - was ziehe ich an? - Gastbeitrag
- Das Job-Interview - Gastbeitrag
- So erstellen Sie ein optimales Stellengesuch
- Lebenslanges Lernen ... - Gastbeitrag
- Kennen Sie Ihre Stärken? - Gastbeitrag

### Lexikon

- Datenbank deutscher Personalberater und Headhunter
  Recherchieren Sie gezielt in über 2300 Einträgen; laut Nachrichtenmagazin FOCU
  Internet-Seiten.
- Inter-/nationale Personaldienste
  Kommentiertes und bewertetes link-Verzeichnis von über 200 relevanten Internet-
- Newsgroups
  Umfangreiches Verzeichnis der relevanten Newsgroups weltweit
- Zeitungen
  Analyse des Stellenmarktes in über 70 vorw. deutschen Zeitungen; umfangreich

### Extras

- Sonderthema: Wo bewerben
  Tips für Ihren Berufserfolg
- Karrieremarkt
  Hier erhalten Sie Experten-Rat
- Schalten Sie bei uns ein kostenloses Stellengesuch

Willkommen | News & Facts | Top Ten | Gästebuch | Konditionen | Hilfe | eMail

consultants.de · Achheimstr. 8 · D-82319 Starnberg · Tel: 08151/99891-30 · Fax: 08151/

# consultants.de

News & Facts | Top Ten | Gästebuch | Konditionen | Hilfe ! | Email

Homepage
Beratermarkt
Stellenmarkt
Service
Intern
Headhunter

- Anzeige -

*consultants.de* verbindet drei Zielgruppen, die eines gemeinsam haben: Sie stehen in direktem Bezug zum Dienstleistungs- und Arbeitsmarkt.

- **Als Consultant / Berater** finden Sie Ihre Plattform für den marktgerechten Auftritt unter genau der Adresse, wo man Sie auch suchen wird.

- Als **Unternehmen** können Sie zielgerichtet Berater suchen und bei Personalbedarf im Stellenmarkt hochqualifizierte Bewerber online recherchieren bzw. Ihre Stellenangebote schalten.

- Als **Stellensuchender** können Sie hier ein kostenloses Stellengesuch veröffentlichen. Außerdem finden Sie aktuelle Stellenangebote sowie konkrete Hilfestellung in Fragen Ihrer Karriereplanung.

Free Job Seeking Insert | Publication d'une demande d'emploi gratuite | Publicación de una demanda de colocación gratuita

Willkommen | News & Facts | Top Ten | Gästebuch | Konditionen | Hilfe | eMail

Bei Fragen wenden Sie sich bitte an:

# consultants.de

Willkommen    News & Facts    Top Ten    Gästebuch    Konditionen    Hilfe !    Email

Homepage
Beratermarkt
+ Stellenmarkt
Angebote
Karriere
Service
Interim
Headhunter

Kostenloses Stellengesuch bei consultants.de schalten

Nutzen auch Sie die Möglichkeit, sich hier mit Ihrem Stellengesuch zu präsentieren. Täglich finden viele Bewerber über diesen Weg eine neue Position. Bei täglich 100-300 Anfragen interessierter Arbeitgeber sind Ihre Chancen excellent!

- Schaltungsdauer: 8 Wochen
- Verlängerungsoption
- Vorzeitige Kündigung möglich
- Diskretion garantiert, keine Weitergabe Ihrer persönlichen Daten an Dritte
- Veröffentlichung innerhalb 24 Stunden

Bitte haben Sie dafür Verständnis, daß wir als spezialisierter Stellenmarkt nur qualifizierte Gesuche berücksichtigen können.

Bitte geben Sie eine **gültige eMail-Adresse** an! - Eine kostenlose eMail-Adresse erhalten Sie bei vielen Internet-Diensten, z.B. www.yahoo.de

**Wichtiger Hinweis für T-Online-Kunden:**
Der Provider hat lt. Aussagen der Servicehotline derzeit Probleme mit der eigenen Technik. Wenn Sie das Formular nicht absenden können, wenden Sie sich daher bitte an den T-Online Service (Tel.: 0130/0190).
Gemäß T-Online hilft es aber auch manchmal, wenn Sie in Ihrem Browser "No Proxy" einstellen.

| **Personenbezogene Daten** |
| --- |
| Diese Daten werden nicht ins Internet eingespeist, sie dienen nur zur Verwaltung Ihrer Seite |

| Ihre eMail | |
| --- | --- |

| Vor-, Nachname | |
| --- | --- |
| Straße | |
| PLZ, Ort | |
| Telefon | |
| Telefax | |

**Informationen zur veröffentlichten Seite**
Geben Sie hier bitte die Informationen ein, die ins Internet eingespielt werden sollen

| Tätigkeitsfeld | Absolventen, Einstieg ▾ |
| --- | --- |
| Art der Tätigkeit | Vollzeit ▾ |
| Titelzeile<br>Text für die Titelzeile Ihres Stellengesuchs | |
| Stichworte<br>Unter diesen Stichworten tragen wir Sie in die großen Suchmaschinen ein; bitte Stichworte mit Kommata trennen | |
| Gesuchstext<br>Der Text Ihres Stellengesuchs<br>Bitte möglichst aussagekräftig formulieren (je ausführlicher, desto besser). Tip: Schon vorher schreiben, im Editor ablegen und beim Ausfüllen in das Formular kopieren | |

**Optionale Angaben (empfohlen)**

| (Höchster) Ausbildungsstand | keine ▾ |
|---|---|
| Berufserfahrung | ___ Jahre |
| Verfügbarkeit | |
| Mobilität | keine Angabe ▾ |
| Fremdsprachen (verhandlungssicher - gut - ausbaufähig) | |
| Gehaltsvorstellung | |
| Wie sindSie auf uns aufmerksam geworden? Bitte kurz beschreiben, Sie helfen uns damit sehr. Vielen Dank! | |

Absenden

Bitte nur einmal absenden, der Vorgang kann einige Sekunden dauern!

Willkommen | News & Facts | Top Ten | Gästebuch | Konditionen | Hilfe | eMail

Bei Fragen wenden Sie sich bitte an:
COBUS GmbH · Petersbrunnerstr. 4 · D-82319 Starnberg · Tel: +49 (0) 8151-99891-30 · Fax: +49 (0) 8151-99891-50
Bürozeiten: Mo-Do 9:00 - 17:00 Uhr, Fr 9:00 - 14:00 Uhr

# III – D'AUTRES VOIES DE RECHERCHE SONT A VOTRE DISPOSITION

## A. La candidature spontanée (Initiativbewerbung)

Die Initiativbewerbung richtet sich an einen potenziellen Arbeitgeber. Wie beim Stellengesuch bewerben Sie sich auf eigene Faust.

Die Grundvoraussetzung bei dieser Art von Bewerbung ist die genaue Kenntnis des Unternehmens bei dem Sie sich vorstellen wollen. Sie müssen recherchieren, bei welchen Firmen ein Bedarf an Arbeitskräften besteht, in welchen Unternehmen es für Arbeitnehmer mit Ihrem Profil eine Chance gibt einen Job zu finden.

Charakteristisch für diese Bewerbung ist das Fehlen eines konkreten Anlasses, d.h. Sie beziehen sich nicht auf eine Anzeige. Deshalb wird die Initiativbewerbung auch öfters als Blindbewerbung bezeichnet oder als „Bewerbung auf Verdacht".

Die Blindbewerbung kostet Zeit und Kraft. Sie haben zwar den Vorteil, nicht unmittelbar gegen Konkurrenten anzutreten, doch müssen Sie schon eine relativ große Anzahl Bewerbungen verschicken, wenn Sie Aussicht auf Erfolg haben wollen. So gesehen stellt die Blindbewerbung eine gewisse Investition dar, denn Sie müssen bei der Initiativbewerbung Ihrem Schreiben die vollständigen Unterlagen beilegen.

So könnte das Schreiben einer Initiativbewerbung [10] aussehen:

---

10. *Die Einzelheiten und Modalitäten der Bewerbungsunterlagen, ihr Inhalt und ihre Präsentation werden im nächsten Kapitel behandelt.*

Walter Muder                                                2001-06-14
Erpenerstraße 34
40625 Düsseldorf
Tel.: (0211) 1 24 43 62
Fax.: (0211) 1 24 43 63


INFORMA plus
Personalabteilung
Herrn Jens Sabeck
Hansaring 12
50665 Köln


Bewerbung als Produktmanager im internationalen Bereich

Sehr geehrter Herr Sabeck,


(1) bei der Recruitment-Messe vor zwei Wochen in Köln habe ich Ihr Softwareunternehmen als ein junges und stark wachsendes Unternehmen kennen gelernt. Was mich besonders an Ihrer Tätigkeit interessiert, ist die Tatsache, dass Sie Strategie-Computerspiele entwickeln und vermarkten.

(2) Aufgrund meiner Ausbildung – ich habe erfolgreich ein kaufmännisch-betriebswirtschaftliches Studium absolviert – und vor allem durch eine zweijährige berufliche Erfahrung im Handelsmarketing von Spielen, glaube ich Ihrem Anforderungsprofil fast ideal entsprechen zu können.
Meine soziale Kompetenz und Teamfähigkeit konnte ich bei zwei erfolgreich durchgeführten Projekten unter Beweis stellen.
Ich spreche fließend Englisch und meine Französischkenntnisse habe ich bei mehreren Aufenthalten in diesem Land erwerben und ausbauen können.

(3) Es würde mich freuen, Ihnen alles Weitere in einem persönlichen Gespräch näher erklären zu können.

(4)Mit freundlichen Grüßen


(signature)


Anlage: Bewerbungsmappe

La structuration de la lettre est indiquée par les chiffres :
– (1) Vous parlez d'abord de l'entreprise, comment vous avez appris son existence, comment vous l'avez contacté, comment vous vous êtes documenté sur elle et, enfin, ce qui vous attire dans ses activités. Un de ces aspects fera la transition avec le second point :
– (2) votre profil que vous expliquerez, correspond bien à l'esprit de l'entreprise et aux activités qui rentrent dans le champ de vos qualifications. Et c'est tout naturellement que vous
– (3) demanderez à la personne à laquelle vous adresserez votre dossier de bien vouloir vous recevoir pour un entretien.
– (4) Vous terminerez par une phrase de salutations, une formule de politesse. Vous aurez remarqué que les formules finales sont en allemand bien plus simples qu'en français. N'oubliez pas de signer.

Que l'on compare cette lettre, rédigée par un Allemand et adressée à une entreprise allemande avec une Lettre dans un environnement francophone :

Jean Deschamps
34, rue Duloing
94230 CACHAN
Tel./Fax. : 01 49 83 96 45

Cachan, le 14 juin 2001

TRANSAREA
Service du Personnel
Madame Doris Redin
4, Avenue des Peupliers
94000 CRETEIL

Madame,

J'ai appris par Monsieur Jean Parent, un de vos responsables export, que vous cherchez dans le cadre de votre développement en Allemagne, des acheteurs expérimentés de la grande Distribution, chargés, entre autres, d'élaborer la gamme de produits et d'assurer les relations fournisseurs.

De formation bac + 5, je possède une véritable expérience en Centrale d'achat aussi bien au niveau national que régional.

Parfaitement mobile, je suis tenté par la poursuite d'une telle expérience à l'international. J'ajoute que je suis tout à fait bilingue, ma mère étant d'origine allemande et que je fais des séjours fréquents dans ce pays.

Je pense pouvoir correspondre aux qualifications requises et je serais très heureux si vous pouviez me recevoir pour un entretien.

Signature

P.J. : CV.

La différence entre ces deux lettres est minime, quelques divergences sur le plan formel, c'est tout. Une adaptation mutuelle pourrait se faire sans la moindre difficulté.

## B. La candidature cursive/abrégée (Kurzbewerbung)

Zu einer Kurzbewerbung gehören Anschreiben und Lebenslauf. Sie brauchen also nicht die kompletten Unterlagen beizulegen. Sie kann als Initiativbewerbung eingesetzt werden, aber auch gezielt auf eine Annonce hin. Ihr Vorteil besteht darin, dass sie kostengünstiger ist und in großer Zahl verschickt werden kann.

Sie darf natürlich nicht den Eindruck eines Serienbriefes erwecken und muss in einem bestimmten Unternehmen gezielt an einen potenziellen Ansprechpartner gerichtet sein.

Die eigentliche Absicht dieser Bewerbungsart ist, dem Leser in gedrängter Form eine rasche Übersicht über die Eckdaten eines Kandidatenprofils zu vermitteln.

C'est pourquoi elle est assez appréciée par les recruteurs : ils peuvent se faire une idée en un minimum de temps et décider s'il faut demander au candidat la communication du dossier complet ou même le convoquer à un entretien. C'est dire qu'il faut être précis, succinct et dense dans la rédaction d'une telle Lettre.

Ce n'est pas par hasard qu'on la trouve de plus en plus sur le Web[11].

La même tendance se retrouve dans la pratique française de rédiger et présenter un CV. Certains auteurs parlent du « CV en une page » ou de la « Lettre-CV »[12].

Il est normal que ce type de candidature rencontre un certain succès étant donné la rapidité de l'évolution du marché du travail.

## C. La recherche d'emploi par intermédiaires

Stellensuche über Vermittler

Vous avez bien sûr la possibilité de passer, au cours de votre recherche, par un cabinet de recrutement ou des consultants. Votre choix sera dicté par votre situation particulière. Si vous êtes jeune diplômé, vous vous adresserez plutôt à un « Personal-

---

11. Voir des exemples dans la seconde partie de ce chapitre.
12. Voir par exemple Armel Marin, *Le CV-Minute des emplois commerciaux*, Editions d'Organisation, 1998.

berater » ou vous vous rendez à un des Salons ou Forums de recrutement. Si, en revanche, vous avez acquis une certaine expérience professionnelle, le recours à un « Karriereberater » pourra vous être d'un secours certain.

## a) Consultants (Personalberater)

Die Personalbereiter werden von Arbeitgebern beauftragt und dafür bezahlt, passende Bewerber für eine zu besetzende Stelle zu finden. Es entstehen keine Kosten für den Bewerber.
Die Personalberatung entwickelt gemeinsam mit dem auftraggebenden Unternehmen ein Anforderungsprofil, schreibt die Stellen aus und nimmt die eingehenden Bewerbungen entgegen. Die nach Ansicht der Personalberatung passenden Bewerber werden dann dem Unternehmen präsentiert.
Meistens bleibt das Unternehmen dem Bewerber gegenüber anonym. Der Wunsch des Kandidaten nach Anonymität wird bei diesem Verfahren ebenfalls berücksichtigt.

Avantages de la « Personalberatung » :
– vous aurez une vue d'ensemble sur le marché de l'emploi ;
– vous saurez quels secteurs sont les plus prometteurs ;
– vous connaîtrez les qualifications particulières des entreprises.

Berateradressen und die einschlägigen Informationen finden Sie beim Bund Deutscher Unternehmensberater (BDU), im Internet: www.bdu.de.

## b) Conseils (Karriere- und Bewerbungsberater)

Karriereberater sind nicht vom Unternehmen zur Personalsuche beauftragt. Sie erhalten von ihnen professionelle Hilfe in allen Fragen, die mit Ihrem Bewerbungsprozess in Zusammenhang stehen:
– sie führen mit Ihnen eine Stärken-/Schwächeanalyse durch;
– sie erstellen mit Ihnen die Bewerbungsunterlagen;
– sie schalten Stellenanzeigen;

– sie verfassen gezielte Kurzbewerbungen;
– sie trainieren Vorstellungsgespräche;
– sie helfen bei der Auswahl potenzieller Arbeitgeber.

Das Aufsuchen eines Karriereberaters entlastet Sie keineswegs von Ihrer aktiven Jobsuche und Ihren Bewerbungsstrategien.
Ein solcher Service ist natürlich nicht ganz billig; Sie müssen schon mit einem Stundensatz zwischen 200 und 350 Mark rechnen.
Wie bei den Personalberatern gibt es unter der großen Zahl der Karriereberater viele Spezialisierungen.
Darüber hinaus ist es nicht unwichtig zu wissen, dass Begriffe wie "Personalberatung", "Unternehmensberatung", "Karriereberatung", "Bewerbungsberatung" und "Berufsberatung" nicht geschützt sind. Jeder kann sich so nennen. Es ist deshalb größte Vorsicht geboten.

c) Les forums et salons de recrutement (Kontakt- und Rekrutierungsmessen)

Auf den so genannten *Rekrutierungsmessen* treffen Sie regelmäßig Personalberater, die sich auf die Vermittlung hoch qualifizierter Absolventen spezialisiert haben. Diese Messen werden von Unternehmen und auch Zeitschriften veranstaltet. Die Arbeitgeber verschaffen sich einen ersten Eindruck von den Bewerbern, wobei besonders auf persönliche Qualifikation wie auf Auftreten und Kommunikationsfähigkeit geachtet wird. Es handelt sich um eine zwanglose Kontaktaufnahme, bei der die Firmen auf einem Stand mit Stellwänden ihr Logo, ihre Produktpalette und ihre Kennzahlen präsentieren.
Sie können sich über die Marktlage informieren sowie über die Einstiegsmöglichkeiten bei den einzelnen Unternehmen.
Bewerben auf *Recruitingmessen oder Karrieremessen* will gelernt sein. Sie sollten niemals unvorbereitet solche Messen besuchen. Einige Aspekte, die auch im Vorstellungsgespräch von Bedeutung sind, müssen besonders beachtet werden: Kontaktaufnahme, Selbstdarstellung und Fragetechniken.
Im Allgemeinen unterscheidet man zwischen offenen Messen und Veranstaltungen mit Vorauswahl (« présélection »). Bei den ersteren können Sie sich einen guten Überblick verschaffen, müssen aber bei den Unternehmen oft Schlange stehen; Messen mit Vorauswahl garantieren jedem Bewerber mehrere Interviews.

Voici quelques adresses électroniques intéressantes de forums et salons :

– http://www.absolventenkongress.com ; il s'agit d'un des plus importants forums de recrutement en Allemagne qui a lieu à Cologne. Il est principalement destiné aux jeunes diplômés.

– http://www.bonding.de ; ce forum se propose d'établir un pont entre étudiants et le monde des entreprises. Il a lieu plusieurs fois par an et présente un large éventail d'entreprises tant allemandes qu'internationales. Les spécialistes des Nouvelles Technologies y trouveront des opportunités.

– http://www.access.de ; *We care for careers*, voilà le mot d'ordre de ce forum. La promesse n'est pas vaine. Dans le secteur des prestations des services, il passe pour une première adresse.

– http://www.characters.de ; en dehors des jeunes diplômés peuvent y tenter leur chance des diplômés d'université avec une expérience professionnelle de maximim 4 ans. Des recruteurs compétents seront à leur disposition.

Il vous appartient d'interroger ces sites pour y trouver documents et informations. Soyez patients, cela vaudra la peine.

# Préparez votre dossier de candidature

En guise d'introduction, nous avons demandé à des responsables de recrutement dans quelques grandes entreprises :

« Quels sont les éléments dans un dossier de candidature qui font qu'un recruteur s'intéresse à la personnalité du candidat ? »[1]

Voici leurs réponses qui vous permettront d'orienter votre dossier de candidature.

## BASF

*Wenn ein – an unseren Anforderungen gemessen – interessanter* **Lebenslauf** *vorliegt. Bei den Bewerbungsunterlagen kommt es auf den Inhalt an, nicht auf Effekte.*

Le CV doit attirer l'attention du recruteur par le fait qu'il se démarque des autres, le contenu prévaut : votre personnalité.

## BAYER

*Auffallend* **kurze Studiendauer bei exzellenten Studienergebnissen**, *das sind Aspekte, die für mich einen Bewerber interessant werden lassen.*

Comme la durée des Etudes en France est nettement moins longue que celles d'outre-Rhin, il ne vous reste plus qu'à les avoir terminées brillamment.

## DAIMLER-CHRYSLER

*Wir prüfen jede eingehende Bewerbung. Besondere Aufmerksamkeit erweckt bei uns allerdings ein* **international angelegter Ausbildungsweg**.

Un des atouts de votre candidature sera une expérience dans la profession à l'étranger.

## LUFTHANSA

*Es kommt auf den* **Inhalt** *der Bewerbungsunterlagen an.*

Certains recruteurs ne s'attacheront qu'au fond de votre dossier : Qu'est-ce que vous pouvez nous offrir ?

---

1. *Cf.* FOCUS: http://www.focus.de

# DEUTSCHE TELEKOM

*Eine dem aktuellen und mittelfristigen Bedarf des Unternehmens entsprechende Kombination von exzellenter, universitärer Ausbildung mit umfangreicher, studienbegleitender **Praxiserfahrung, möglichst im internationalen Bereich.***

Votre formation doit être d'un certain niveau et surtout être accompagnée de stages à l'international.

# HEWLETT PACKARD

*Interessant ist, wer schon im **Anschreiben** sein Anliegen rasch auf den Punkt bringt, wer weiß, was er oder sie will und kann.*

L'importance capitale de la Lettre d'accompagnement : elle doit résumer de façon saisissante ce que vous voulez et ce dont vous êtes capable.

# HOECHST

*Wichtig ist naturlich der Inhalt der Bewerbung. Aber eine **kreative Aufmachung** könnte ein Anziehungspunkt sein.*

Si votre candidature fait preuve de créativité, cela ne sera pas nécessairement un handicap.

# IBM

*Interessant ist eine individuelle, gut strukturierte Bewerbung, ein übersichtliches Anschreiben, das **Persönlichkeit** ausstrahlt und erkennbar auf unser Unternehmen ausgerichtet ist (keine Briefwurfsendung). Selbstverständlich machen vollständige Bewerbungsunterlagen einen guten Eindruck.*

C'est la personnalité qui fera en dernière analyse la décision ; elle se manifestera lors de votre candidature qui sera ciblée, de toute évidence, sur cette entreprise-là.

## MANNESMANN

*Ich schaue als erstes in den **Lebenslauf** und suche dort nach wichtigen Infos und Eckdaten (zum Beispiel Praktika), die mich überzeugen.*

C'est le CV que ce recruteur regardera tout de suite, les points essentiels qui pourront emporter sa décision, les stages par exemple.

## REWE

*Zu den im Unternehmen üblichen Anforderungen sollten außeruniversitäre Aktivitäten und einschlägige **Praktika** kommen. Grundvoraussetzung ist eine ansprechend gestaltete, übersichtliche Bewerbung.*

Une fois de plus, les stages effectués pendant les Etudes seront appréciés dans le cadre d'un dossier lisible et bien structuré.

## SIEMENS

*Ich werde neugierig auf einen Menschen, wenn etwas **Außergewöhnliches** in der Bewerbung steht, zum Beispiel interessante Freizeitaktivitäten, bei denen der Bewerber oder die Bewerberin schon mal Führungsverantwortung übernommen hat.*

Le recruteur est intrigué par des faits qui sortent un peu de l'ordinaire, comme des activités de loisirs au cours desquelles le candidat ou la candidate a assumé la responsabilité d'un groupe.

## TENGELMANN

*Klar formulierte berufliche Zielvorstellungen sowie ein interessanter Lebenslauf und persönlicher Hintergrund lenken die Aufmerksamkeit positiv auf eine Person. Die **Originalität** der Bewerbungsunterlagen wirkt als Eyecatcher.*

Il faut que le candidat sache ce qu'il veut, que son parcours présente un intérêt réel que sa personnalité attire l'attention et que l'aspect original de sa candidature saute aux yeux.

## *THYSSEN STAHL*

*Bei der heutigen Marktlage muss bei einem Bewerber alles passen: ein **sehr gutes Examen**, möglichst ein Nachweis für **Auslandkontakte mit Fachpraktika**. Natürlich spielt auch die anständige Form eine Rolle.*

Il faut qu'il y ait adéquation presque parfaite entre le postulant et le profil requis un excellent examen, une expérience à l'international si possible avec un stage effectué dans la branche en question.

## *VEBA*

**Aussagekräftiges Anschreiben**, *beruflicher Werdegang, Foto gehören zu einer guten Bewerbung.*

Font partie d'une bonne candidature : une lettre de motivation pertinente, le parcours professionnel et une photo.

# I – ATTACHEZ LA PLUS GRANDE IMPORTANCE A LA PRESENTATION FORMELLE DU DOSSIER

Die Unterlagen befinden sich in einer Bewerbungsmappe. Ist der Inhalt auch ausschlaggebend, so kann die Präsentation Ihrer Unterlagen, die «Verpackung», doch ein nicht unwichtiges Plus für Sie bedeuten.
Dazu einige Hinweise und erläuternde Bemerkungen. Wer die Mappe öffnet, dem sollten sofort zwei Dinge ins Auge springen:
– das Inhaltsverzeichnis; der Leser muss durch den Überblick über den Inhalt sofort ersehen, wo die für ihn interessanten Infos stehen;
– ein Lichtbild, das Foto.

Les pièces nécessaires à la candidature doivent se trouver dans un dossier. Bien que le contenu soit, en définitive, prépondérant quant à l'estimation, la présentation, l'« emballage » constitueront un plus non négligeable.

Quelques conseils et remarques ne seront peut-être pas tout à fait inutiles. Le regard de celui qui ouvre le dossier doit être attiré par deux pièces :

– le Sommaire ; le lecteur doit voir tout de suite où se trouvent les informations intéressantes pour lui ;

– la Photo.

**Das Foto**

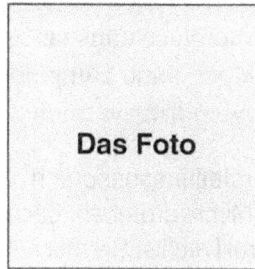

Absolut aktuell. Das Piercing bitte vorher entfernen, die Ohrringe bei Herren auch. Die Haare sollten Sie kämmen oder stylen, so dass sie aussehen wie eine Frisur. Das Foto nicht mit der Büroklammer oder dem Hefter befestigen. Kleben Sie Ihr Foto rechts oben auf den Lebenslauf.

La photo doit être récente. Pas de « piercing » pas plus que des boucles d'oreilles pour les hommes. Il faudra que les cheveux soient peignés ou coiffés. N'attachez pas la photo avec un trombone ou une agrafe. Collez votre photo sur le CV en haut à droite.

Die Bedeutung des Bewerbungsfotos wird immer noch von vielen Kandidaten unterschätzt. Die Personalverantwortlichen schauen sich zuerst das Lichtbild an, noch bevor sie Anschreiben oder Lebenslauf überfliegen. Deshalb müssen Sie bei der Erstellung eines Fotos ganz professionell vorgehen.
Ihr Foto muss, wenn irgend möglich, dreierlei ausdrücken:
– Ihre Bewerbung richtet sich gezielt an **diese** Firma;
– **Sie** sind die kompetente Person;
– **Ihre** Person würde bestens in das betreffende Arbeitsfeld passen.

Les candidats sont encore nombreux qui sous-estiment l'impact que peut avoir la photo dans un dossier de candidature. C'est elle qui sautera aux yeux du recruteur avant même qu'il n'ait parcouru lettre et CV, même s'il ne veut l'admettre ouvertement.

La confection de cette photo doit donc être faite **professionnellement**.

Elle doit faire passer, dans la mesure du possible, trois objectifs de votre candidature :
– vous postulez pour une place dans **cette entreprise-là** ;
– c'est **vous** qui êtes la personne compétente ;
– et c'est **vous** qui conviendriez le mieux à cet emploi..

> Wie beim Vorstellungsgespräch müssen Sie Probeaufnahmen machen, Ihre Mimik erproben: Lächeln mit oder ohne Zähne, frontal oder Halbprofil rechts, Sie müssen herausfinden, wie Sie am besten zur Geltung kommen. Üben Sie mit Freunden, üben Sie vor dem Spiegel!

Comme vous serez amené à le faire pour l'entretien, il faudra faire des essais, tester votre mimique : rire avec ou sans les dents, bouche fermée ou légèrement ouverte ; frontal ou de profil tourné vers la droite. C'est à vous de trouver comment vous pouvez vous mettre en valeur. Exercez-vous avec des amis ou travaillez devant une glace.

> Zum Foto selbst: Auf keinen Fall ein Passfoto, ein Automatenfoto. Gehen Sie zu einem guten Fotografen, der Erfahrung mit solchen Aufnahmen hat.
> Man sollte auf dem Foto nicht nur Ihren Kopf sehen, sondern auch Ihre Schultern, Sie präsentieren sich auf einem Porträtfoto!
> Ziehen Sie ungefähr das an, was Sie auch zum Vorstellungsgespräch tragen würden.
> Für Frauen gilt: Auf keinen Fall zu freizügig, zu weit aufgeknöpfte Bluse; nicht zu viel Schmuck tragen.
> Für Männer gilt: Schlips nicht zu bunt, frisch rasiert (nicht blutig), Hemdkragen muss eng am Hals anliegen.
> Ob Farbbild oder schwarzweiß, ist eine Frage des Geschmacks und muss von Fall zu Fall entschieden werden.
> Vor allem aber, achten Sie auf einen freundlichen Gesichtsausdruck!
> Im Übrigen darf das Bewerbungsfoto etwas größer sein als ein Passbild. (5x9 cm).
> Verschaffen Sie sich einen ausreichenden Vorrat an Bewerbungsfotos, damit Sie nicht unvorbereitet da stehen, wenn Sie kurzfristig zu einem Gespräch eingeladen werden.
> Vergessen Sie nicht, Ihr Foto auf der Rückseite mit Ihrem Namen und Ihrer vollständigen Adresse zu beschriften, Telefonnummer!
> Achten Sie darauf, dass die Schrift nicht durchschlägt.

N'utilisez en aucun cas des photos genre passeport ou carte d'identité, adressez-vous à un photographe de métier.

Il faudra que l'on voie non seulement votre tête mais aussi vos épaules : il s'agit d'une photo portrait.

Mettre le genre de vêtements que vous aurez lors de l'entretien. En ce qui concerne les femmes, relativement strict et pas trop de bijoux, habillez-vous avec goût ; quant aux hommes, pas de cravate fantaisiste, rasé de près, le col de la chemise adhérant bien au cou.

Quant à savoir si la photo doit être de couleur ou noir et blanc, faites confiance à votre photographe, c'est une question de goût.

Mais avant tout, veillez à garder le sourire, soyez aimable !

Le format sera un peu plus grand que celui utilisé pour une carte d'identité (5 x 9 cm).

Ayez-en en nombre suffisant pour ne pas être pris au dépourvu lors d'une convocation à un entretien à court terme.

N'oubliez pas d'inscrire au verso de la photo vos nom et adresse ainsi que votre numéro de téléphone et éventuellement le n° de fax ainsi que l'adresse e-mail.

## AUFBAU UND GESTALTUNG
## DER BEWERBUNGSMAPPE

Die Bewerbungsmappe sollte so beschaffen sein, dass sie offen liegen bleibt, wenn z.B. der Personalverantwortliche mit Ihnen telefoniert.

Achten Sie auf **Vollständigkeit** der Unterlagen.

– Deckblatt (hier können Sie auch Ihr Foto aufkleben).

Es ist Ihnen überlassen, Ihren Namen in einer großen, ansprechenden Schrifttype vertikal an den Rand zu setzen, grau unterlegt. Zum Beispiel

### DECKBLATT

Bewerbung

Franz HAUSER

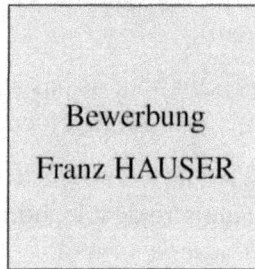

Inhaltsverzeichnis (Reihenfolge beachten)

Lebenslauf / Qualifikationsprofil

Zeugnisse (erstklassige Fotokopien, keine Klarsichthüllen)

Liste der Berufserfahrungen

Sonstige Nachweise (Referenzen, Arbeitsproben oder Veröffentlichungen)

Das Anschreiben (wird lose eingelegt, obenauf, weder gelocht noch eingeklemmt)

## CONFECTION MATERIELLE DU DOSSIER DE CANDIDATURE

Le dossier en tant qu'objet doit être fait de telle façon que, une fois posé sur la table, il reste ouvert, par exemple lorsque le recruteur est en communication téléphonique avec vous.

Il est impératif que le dossier soit **complet** !

– La couverture (vous pouvez y mettre également votre photo).

Si vous l'estimez nécessaire, mettez-y votre nom, centré par exemple, avec une police de caractère attrayante.

### COUVERTURE

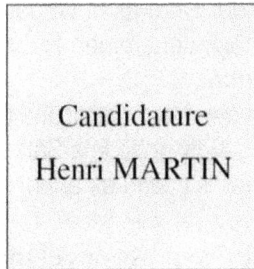

Candidature
Henri MARTIN

– Le Sommaire (veillez à l'ordre)

– Le CV / Profil qualifié

– Diplômes ( des photocopies de qualité, pas de housses transparentes)

– Relevé des expériences professionnelles

– Autres documents (références, publications)

– La lettre de motivation (jointe isolément, ni attachée, ni agrafée)

## II – PREPAREZ CHACUN DES ELEMENTS DU DOSSIER

## A. La lettre de candidature ou de motivation

Da das Bewerbungsschreiben der Bewerbungsmappe lose beigefügt ist, besitzt es praktisch den Charakter einer **Visitenkarte**. Der Personalverantwortliche wird es in der Regel sofort durchlesen / überfliegen und wie beim Vorstellungsgespräch kann der erste Eindruck von entscheidender Bedeutung sein.

Deshalb hat das Schreiben die Aufgabe:

- Dem Leser in prägnanter Weise darzulegen, warum gerade Sie für diese Position geeignet sind;

- Das Interesse des Lesers zu wecken, sich die Bewerbungsmappe näher anzusehen.

Folglich sollte der Brief nicht länger als eine Seite sein. Bilden Sie kurze Sätze, höchstens einen Nebensatz und gehen Sie sparsam mit Adjektiven um.

Vermeiden Sie den Nominalstil und passiv formulierte Sätze mit statischen Verben. Aktiv gebildete Sätze mit vielen Verben klingen nicht nur dynamischer, sie sind es auch![2]

Voici quelques formules, expressions et tournures qui peuvent vous aider pour la rédaction d'une Lettre de candidature.

Destinataire

Sehr geehrter Herr Laub,
Sehr geehrte Frau Laub,
Sehr geehrte Damen und Herren

Phrases d'introduction

Unter Bezugnahme auf Ihre Anzeige in ...bewerbe ich mich um die Stelle als ...

Ihre Anzeige hat mein Interesse geweckt, deshalb bewerbe ich mich um die Stelle als ...

Von Herrn / Frau ... habe ich erfahren, dass Sie eine Sachbearbeiterin für ... suchen

Um meine Berufserfahrungen international unter Beweis stellen zu können, wäre ich ...

Ich suche eine Tätigkeit im Bereich ...

---

2. *Cf.* en annexe 3 une liste de verbes « actifs », dénotant capacités et aptitudes.

Aus einer Fachzeitung habe ich entnehmen können, dass Sie Ihr Vertriebsnetz teilweise ins Ausland verlegen möchten. Aufgrund meiner Ausbildung glaube ich ...

## Points forts

Ich kann sowohl unabhängig als auch im Team arbeiten
Ich kann mich schnell in neue Aufgabenbereiche einarbeiten.
Ich bin es gewohnt, ...
Meine persönlichen Stärken könnte ich bereits bei ...ausreichend unter Beweis stellen.
Ich denke marketing- und kostenorientiert.
Meine Stärken liegen im kommunikativen Bereich.
Ich bin ein geborener Verkäufer.

## Raisons du changement

Ich möchte Erfahrungen im Ausland sammeln.
Ich habe schon viel von Ihrer Firma gehört und von dem guten Arbeitsklima.
Weil mein Lebenspartner eine Stelle in Berlin antritt, suche ich ebenfalls ...
Ich suche eine neue Herausforderung.
Nach fünf Jahren Betriebszugehörigkeit möchte ich durch eine Veränderung meinen beruflichen Horizont erweitern.
Ich glaube, dass ein Auslandsaufenthalt für meine Karriere von entscheidender Bedeutung sein kann.

## Pour conclure

Ich würde mich freuen, wenn ich Ihnen mehr über meine Person bei einem Vorstellungsgespräch mitteilen könnte.
Ich würde mich freuen, wenn Sie mich zu einem Vorstellungsgespräch einladen würden.
Über eine Einladung zu einem Vorstellungsgespräch würde ich mich sehr freuen.
Ich würde mich bestimmt rasch einarbeiten können.
Ich denke, dass ich sicher gut in Ihr Team passen würde.
In der Hoffnung auf eine positive Antwort verbleibe ich mit freundlichen Grüßen ...
Im Großen und Ganzen unterscheidet sich der deutsche Bewerbungsbrief nicht wesentlich von der französischen Fassung.

Voici le modèle structurel de la Lettre dans les deux langues :

## BEWERBUNGSSCHREIBEN

Köln, den 2/3/2000

BERGER,Franz
Goltsteinstraße 8
51612 Köln
Tel. und Fax
0221 38 26 45

PRASO GmbH
Personalabteilung
Frau F. Maier
Heringstraße 7
42896 Heinrichstadt
[traitement de texte, rarement manuscrite, sauf demande expresse]

*Ihre Anzeige in der FAZ vom 2.5.1999*

*Sehr geehrte Frau Maier*

*Vielen Dank für Ihre informativen Erklärungen. Wie besprochen schicke ich Ihnen meine vollständigen Bewerbungs-unterlagen.*

*(...........)*

*Mit freundlichen Grüßen*

[date et signature]
Franz Berger

Anlagen

---

## LETTRE DE MOTIVATION

PRENAUD, Jean
12, rue des Lys
92160 Antony
France
tél. 01 49 56 23 84
fax. id.

ROUDOUX EQUIPEMENT
30, avenue des Amandiers
93200 Roimard/Forêt

Antony, le 13 novembre 2000

*Cher Monsieur Burin,*

*suite à mon e-mail du 12 courant et auquel vous avez bien voulu répondre,*

*veuillez trouver ci-joint mon dossier de candidature...*

[signature]

P.J.

Une différence cependant existe entre la Lettre à la française et celle pratiquée en milieu germanophone et dans les pays anglo-saxons : en France, elle doit être en général manuscrite.

Celui qui postule en répondant à une annonce, sait combien il est difficile de rédiger une Lettre « attractive ». La tentation est grande d'y mettre toutes les qualifications propres sans rapport direct avec l'entreprise, en fin de compte une Lettre vaut l'autre.

Pensez que la seule chose qui intéresse le lecteur est de savoir si le candidat en question convient au poste à pourvoir, s'il est en mesure de résoudre les problèmes posés au travers de ce recrutement.

Il vous appartient donc de fournir la preuve que vous êtes ce candidat-là.

> Bei einem guten Anschreiben stellt der Bewerber Aussagen und Forderungen des Unternehmens aus der Anzeige heraus: die gefragten fünf bis sieben fachlichen Qualifikationen, die persönlichen Eigenschaften, Aufgaben der Stelle und Informationen zum Unternehmen.

## B. Le CV (le Curriculum)

> So wie das Anschreiben logischerweise auf das jeweilige Unternehmen ausgerichtet ist, so muss der **Lebenslauf** den vom potenziellen Arbeitgeber geforderten Kriterien angepasst werden. Sicher stehen die Daten und Ereignisse Ihres bisherigen Lebens fest, doch sollte Ihr Lebenslauf nicht in allen Bewerbungen, die Sie absenden, gleich sein. Hier ist Ihre Kreativität gefragt.

Vous serez amené nécessairement à expliquer au recruteur allemand les différents aspects de votre parcours et quelques points importants de votre profil.

Ces explications lui seront indispensables pour mieux vous situer et cerner votre profil personnel et professionnel.

Il vous demandera par exemple si vous avez effectué un apprentissage, c'est-à-dire *eine Lehre*. Dans ce cas vous devez indiquer *die Firma, Ort, Art der Lehre* et *die Abschluss-qualifikation*.

Dans certains cas se posera la question du Service Militaire : *Angaben zum Wehrdienst*. Ou bien vous êtes *vom Wehrdienst befreit* – « libéré des obligations militaires – ou bien vous l'avez effectué ; vous indiquerez alors *Monat, Jahr, Ort, Dienstgrad* et évent. *Waffengattung*.

Quant à votre formation, il faudra préciser si vous êtes diplômé de l'équivalent d'une *Fachhochschule* ou d'une *Universität*. Indiquer les *Studienfächer* et le *Abschluss (Monat/Jahr)* ainsi que vos *Schwerpunkte* (dominantes). S'il y a lieu, indiquer le *Thema der Abschlussarbeit*.

En tant que jeune diplômé vous ne possédez pas encore une expérience professionnelle proprement dite. Vous mettrez les *absolvierte Praktika* ou les *Jobs (Monats- und Jahresangabe)* ; détaillez les activités ayant un rapport direct avec le profil requis.

La *Weiterbildung* (« formation continue ») ne doit être mentionnée que si elle est en rapport avec l'emploi en question.

Font partie des *Zusatzqualifikationen* : *Sprachkenntnisse* et *EDV-Kenntnisse*.

La mention des « loisirs » (les *Hobbys*) n'est pas nécessaire, mais ils peuvent être indiqués à condition qu'ils ne frisent pas la banalité : jouer au ping-pong n'apporte rien d'essentiel à la qualification professionnelle.

Voici résumés les éléments et la structuration d'un Curriculum allemand :

### DIE **BESTANDTEILE** DES LEBENSLAUFS

– Persönliche Daten/Zur Person
– Ausbildung (Schulausbildung und Studium)
– Berufstätigkeit/Berufserfahrungen und Qualifikationen, Praktika (wenn Berufspraxis fehlt), Neben- und Aushilfsjobs
– Zusatzqualifikationen, besondere Kenntnisse
– Hobbys und/oder sonstige Aktivitäten
– Ort, Datum und Unterschrift (Vor- und Zuname)

### DIE **GLIEDERUNG** DES LEBENSLAUFS

Die am meisten verbreitete Variante ist die chronologische; entweder von der Schulbildung bis zum gegenwärtigen Stand oder umgekehrt, wie z.B. in den Usa üblich, von der heutigen Lage bis zurück zur Schulzeit.
Eine andere mögliche Gliederung ist die nach Themenschwerpunkten, also nach sachlichen Gesichtspunkten. Die Lektüre orientiert sich nach Textblöcken, die schneller zu erfassen sind.

### DIE **FORM** DES LEBENSLAUFS

Formal ist die *tabellarische* Anordnung zur gebräuchlichsten geworden und unterscheidet sich in dieser Hinsicht kaum von der französischen Präsentation.

Doch gibt es einige Unterschiede, die zu beachten sind.
Im Folgenden sei, der Einfachheit halber, eine kurze Gegenüberstellung gegeben, die diese Unterschiede verdeutlichen soll.

## Vergleichende, schematische Darstellung der beiden Lebensläufe

*In der deutschen Fassung steht im Allgemeinen die Überschrift:*

**LEBENSLAUF**

Foto/Lichtbild

**Persönliche Daten**

Name:
Anschrift: Peter Herzog
Kanalstraße 12
90 403 Nürnberg
Geburtsdatum: 4. Junie 1972
Familienstand: ledig
Staatsangehörigkeit: deutsch

**Schulausbildung** Gymnasium 1983-1992, Abitur 1993

**Hochschulausbildung** Fotoingenieurwesen
Fachhochschule Köln
3/1994 - 3/2000. Diplom-Ingenieur, Note 2,3

**Berufserfahrung** Seit 6/2000 Westfunk Köln Postproduction und Sendeabwicklung

**Besondere Kenntnisse** Word, Excel, Power Point

8. 2. 2001 Unterschrift

---

*Der französische Lebenslauf wird nicht mit CV oder Curriculum vitae überschrieben*

photo

**Henri MARTIN**
[adresse ; numéro de téléphone avec un répondeur : laisser son numéro de téléphone portable ;
ne pas oublier son adresse e-mail]

**ETAT CIVIL**
Situation de famille :
Nationalité :
Age :
Lieu de naissance :

**OBJECTIFS**
[Il est conseillé d'insérer deux ou trois lignes sur la présentation de vos objectifs professionnels : métier, secteur d'activité]

**FORMATION**
[Les jeunes diplômés mettront en valeur l'essentiel des formations acquises et des diplômes obtenus, il est inutile de mentionner l'obtention d'un DEUG alors que vous avez une Maîtrise]

**EXPERIENCE PROFESSIONNELLE**
[Inscrire les intitulés exacts des fonctions occupées et indiquer avec précision les dates de début et de fin des différentes expériences professionnelles ; ne pas oublier : les stages font partie des expériences professionnelles.

**ACTIVITES EXTRA - PROFESSIONNELLES**
(Centres d'intérêts) N'indiquer que les activités qui pourraient mettre en valeur votre CV

Si la structure de base des deux modèles est assez similaire, on doit cependant relever quelques divergences. Une différence importante saute tout de suite aux yeux : ce que l'on pourrait appeler le TITRE du CV, c'est-à-dire la mention OBJECTIFS : objectif de carrière, est absente du *Lebenslauf*. Cet aspect – *Berufliche Ziele* – est réservée à la Lettre de motivation.

Vous aurez remarqué de même que, dans la rubrique *Persönliche Daten*, on inscrira les mentions *Name*, *Anschrift etc*.

Pour finir, votre CV doit être dactylographié, daté et signé.

Dans l'idéal, la Lettre et le CV constituent donc un tout, un ensemble cohérent. La complémentarité de ces deux pièces prend tout son sens lorsque vous adresserez votre dossier de candidature à un employeur potentiel ou un recruteur opérant dans un environnement germanophone.

C'est pourquoi vous trouverez pages suivantes un exemple de transposition de l'ensemble Lettre/CV.

# LETTRES DE CANDIDATURE

## LETTRE DE MOTIVATION FRANÇAISE

Richard LEROUX
24, avenue de l'Europe
92160 ANTONY
Tél. 01 46 66 09 87
Mobile : 06 89 76 54 32

GABOUX Intrans
Service Recrutement
55, rue des Alouettes
ZI des Oiseaux
77200 - TORCY

V/Réf. : LE SOIR
18/12/2000

Antony, le 21 décembre 2000

Monsieur,

Travaillant actuellement dans une société d'exportation, c'est avec un grand intérêt que j'ai lu votre annonce parue dans Le Soir, par laquelle vous cherchez un responsable export pour votre implantation sur le marché allemand.

Mes atouts étant ma formation en commerce international et mes fréquents séjours à l'étranger, notamment en Allemagne, je pense pouvoir correspondre assez bien au profil requis.

Mon objectif professionnel est de continuer à travailler dans le commerce international, d'y progresser et assumer des responsabilités.

Ma priorité va vers l'espace germanophone, je m'y sens à l'aise et je crois posséder suffisamment de compétence interculturelle pour vous être d'une utilité certaine.

Étant célibataire, ma mobilité est très grande et je peux être disponible à très court terme.

Mais puisqu'une lettre ne peut jamais donner le juste reflet d'une personnalité je souhaiterais vous rencontrer prochainement pour vous convaincre de ma motivation comme de mes compétences.

Dans cette attente, je vous prie d'agréer, Monsieur, mes sincères salutations.

Richard Leroux

P.J. : Attestation de stage

## TRANSPOSITION DE CETTE LETTRE EN ALLEMAND

Richard LEROUX
24, avenue de l'Europe
F -92160 ANTONY
Tel. 00 331 46 66 09 87
Handy : 06 89 76 54 32

HERKEL Intrans
Personalabteilung
Frau Hölzer
Weyerstraße 42
D - 63282 Frankfurt am Main

**Ihr Stellenangebot in der Frankfurter Rundschau vom 18.12.2000**
**Gebietsverkaufsleiter**

Antony, den 21. Dezember 2000

Sehr geehrte Frau Hölzer,

Monsieur,

Ihre Anzeige hat mein Interesse geweckt.
Sie suchen einen Gebietsverkaufsleiter für das francophone Ausland.
Als Wirtschaftswissenschaftler mit den Schwerpunkten Außenwirtschaft und Marketingstrategien erfülle ich fachlich die von Ihnen erwarteten Voraussetzungen:
• eine fundierte kaufmännische Ausbildung,
• umfassende PC-Kenntnisse,
• Marketingmanagement,
• eine überzeugende Verkäuferpersönlichkeit.
Als Franzose besitze ich die nötige kulturelle Kompetenz und durch eine mehrjährige Erfahrung die unerlässliche Sozialkompetenz.
Meine Zweisprachigkeit befähigt mich, diesseits und jenseits des Rheins verhandlungssicher bei Problemlösungen meinen Beitrag zu leisten.
Meine berufliche Zielsetzung liegt im Import-Export-Geschäft. In diesem Bereich möchte ich entscheidend Verantwortung übernehmen.
Ich glaube schon, dass eine Zusammenarbeit eine beiderseitge Bereicherung darstellen würde.
Mein Start in Ihrer Firma kann kurzfristig erfolgen, meine Gehaltsvorstellungen liegen zwischen 70.000 und 80.000 DM p.a.
Ich würde mich freuen, wenn ich Ihnen mehr über meine Person und meine Motivation bei einem Vorstellungsgespräch mitteilen könnte.

Richard Leroux

Anlagen
Lebenslauf
Zeugniskopien

# CURRICULUM VITAE

[photo]

Richard LEROUX
24, avenue de l'Europe
92160 ANTONY
Tél. 01 46 66 09 87
rileroux @hotmail.com

Français
Célibataire
Né à Paris 17, 28 ans

• **OBJECTIF PROFESSIONNEL**

Obtenir un poste de chef de zone export pour une filiale allemande ou étrangère basée en Europe afin de devenir Directeur Export pour une multinationale

• **FORMATION**

1994-1997    **Maîtrise en Commerce International**
Obtention d'une maîtrise en commerce international en LEA à Paris XIII

1996    **Stage de 3 mois** en Allemagne chez le Transporteur International MERKER

1992-1994    **Diplôme Universitaire de Technologie « C » (DUT « C »)** en Techniques de Commercialisation. Formation en deux ans à l'Université de Rouen dans les techniques de vente et de stratégie marketing

• **EXPERIENCE PROFESSIONNELLE**

04/1998-09/2000    **Responsable de Zone Export**
Responsable de zone export pour le Benelux chez Lanod, chargé de l'établissement de bases de données

• **CONNAISSANCES LINGUISTIQUE ET INFORMATIQUE**

Anglais :    courant (lu et écrit)
Allemand :    excellent niveau usuel et commercial
Néerlandais :    moyen
Informatique :    compétences sur Internet, Windows NT/98, (Word 97, Excel 2000)

• **LOISIRS**    Echecs, Natation

---

# LEBENSLAUF

[photo]

**Persönliche Daten**

Name    Richard LEROUX
Anschrift    24, avenue de l'Europe
    92160 ANTONY
    Tel. 00 331 46 66 09 87
e. mail    rileroux @hotmail.com

Geburtsdatum    19. Februar 1972
Familienstand    Ledig
Staatsangehörigkeit Französisch

• *[ ne s'indique pas dans un CV allemand, doit en revanche figurer dans la Lettre de motivation]*

• **Hochschulausbildung**

1994-1997:    Studium der Außenwirtschaft im Fachbereich LEA [3], Paris XIII. Abschluss mit Diplomarbeit, Thema: «Schiene vs Straße: Perspektiven des Güterverkehrs im zusammenwachsenden Europa».

1996:    Dreimonatiges Praktikum in Deutschland beim internationalen Fuhrunternehmen MERKER.

1992-1994:    Zweijähriges Studium an der Fachhochschule in Rouen, Schwerpunkt Marketing- und Absatzstrategien Abschluss das DUT, das Technologie Hochschul-Diplom.

• **Berufserfahrung**

04/1998-09/2000:    Exportsachbearbeiter
    Gebietsexportsachbearbeiter für die Benelux-Staaten bei der Firma LANOD. Erstellung einer Datenbank.

• **Fremdsprachen u. EDV**

Englisch fließend in Wort und Schrift
Sehr gute Kenntnisse im Umgangs- u. kaufmännischen Deutsch
Niederländisch: Grundkenntnisse
EDV: fundierte Internet-Kenntnisse; Windows NT/98 (Word 97, Excel 2000).

• **[ Fakultatif ]**

---

3. LEA : Langues Étrangères Appliquées ; Berufsbezogenes Fremdsprachen-Studium.

## C. Les diplômes et attestations (Zeugnisse und Bescheinigungen)

Les Allemands attachent de l'importance aux diplômes et certificats/attestations d'expériences professionnelles ainsi qu'aux attestations de stage.

Un employeur allemand s'attend donc à voir des *Zeugniskopien*.

Il en existe trois principaux : *Praktikumszeugnis, Arbeitszeugnis, Hochschulzeugnis*.

Si vous êtes en possession de diplômes et d'attestations, vous en fournirez des **photocopies** avec leurs traductions qui devront être **certifiées**.

Il vous appartiendra d'expliquer au recruteur germanophone l'importance quelque peu différente que revêt le diplôme au cours de la procédure de candidature en France.

CHAPITRE

**7**

# Préparez-vous à l'entretien [1]

---

1. Il y a quelque difficulté à rendre compte d'un entretien d'embauche dans toute sa complexité ; on est obligé de schématiser alors qu'il existe des milliers de cas différents. Il existe cependant une approche qui permet de différencier quelque peu, c'est la tenue vestimentaire : on se présente dans le milieu bancaire vêtu en fonction de cet environnement ; dans le monde de la publicité, on ne sera pas habillé tout à fait de la même façon. On pourra ainsi imaginer aisément les modalités de déroulement d'un entretien en fonction de ces données matérielles, comme s'il s'agissait d'un scénario. *Die Natur der Gespräche hängt generell von der Branche ab: Ob Medienberufe, Werbesektor oder ob Bankgewerbe, jedesmal ist der Ton, die Atmosphäre eine andere.*

Vous avez reçu une convocation à un entretien[2], votre CV et votre dossier ont attiré l'attention du recruteur ou de votre employeur potentiel. On a coutume de dire que l'obtention d'un entretien représente presque « la moitié du bail ».

Mais malgré ce succès incontestable, rien n'est encore joué. Il s'agit maintenant de convaincre dans un face à face et vous devez l'emporter sur des concurrents qui sont aussi motivés que vous ! N'oubliez pas : le recruteur verra d'autres candidats souvent le même jour[3].

> Sie sind zu einem Vorstellungsgespräch[4] eingeladen, die Bewerbungsmappe war offenbar überzeugend, Sie gelten als Kandidat oder Kandidatin zumindest als interessant für den Arbeitgeber. Bei der Stellensuche bedeutet das Vorstellungsges-präch fast die halbe Miete, wie man so schön sagt.
> Aber auf das «fast» kommt es jetzt an! Nun müssen Sie beim persönlichen Kontakt überzeugen und natürlich besser abschneiden als die Konkurrenten. Vergessen Sie nicht: So wie der Personalverantwortliche in kürzester Zeit hunderte von CVs liest, so werden oft an einem bestimmten Tag mehrere Kandidaten eingeladen.
> Wenn Sie zum Gespräch kommen, haben Sie schon eine ausführliche Selbstanalyse durchgeführt (s.viertes Kapitel) und sich eingehend über die Firma informiert (s.drittes Kapitel). Die Fragen, die sich nun stellen, lauten :
> – Wie soll man sich in dieser alles entscheidenden Situation verhalten?
> – Wie soll man sich optimal auf das Gespräch vorbereiten?

En vous rendant à l'entretien vous avez déjà procédé à l'analyse de vos profils personnel et professionnel[5] comme vous avez recueilli le plus de renseignements possibles sur l'entreprise, le secteur professionnel et le poste que vous souhaitez obtenir.

---

2. *Wenn Sie vom Arbeitgeber ausdrücklich eingeladen wurden, besteht allgemein in Deutschland ein Rechtsanspruch auf Erstattung der Reisekosten.* C'est une question délicate. Essayez d'en savoir plus si, à la fin de l'entretien, on ne vous a fait aucune proposition.
3. Toutefois, il convient d'ajouter que le fait que vous soyez Français et que votre candidature ait été prise en considération peut être de bonne augure !
4. L'autre terme est *Bewerbungsgespräch* ou *Einstellungsgespräch* comme on dit en français « Un entretien d'embauche ».
5. *Cf.* 4ᵉ Chapitre.

A présent se posent les questions sur le comportement à adopter au cours de l'entretien et surtout sur la préparation de l'entrevue.

# I – UNE PRÉPARATION MINUTIEUSE EST NÉCESSAIRE

L'entretien est une sorte de rituel, qu'on le considère comme un jeu de rôles ou une situation d'examen, il y a des règles à respecter ; le candidat le sait ou devrait le savoir tout aussi bien que l'employeur potentiel ou le recruteur. La structure de ce rituel est similaire dans la plupart des pays européens. Ainsi chacun des interlocuteurs se présente dans un éclairage très positif, se valorisant à presque tous les niveaux. On retrouve la même démarche dans les Annonces : un candidat qui réunirait toutes les qualifications requises pour le profil demandé est pratiquement introuvable !

La préparation portera également sur la simulation d'entretiens, exercices didactiques quelque peu négligés par les auteurs. Il s'agit de répétitions quasiment scéniques au sens propres du terme. N'oubliez pas que vous vous trouvez, en tant que Français, dans une situation d'interculturalité. Vous aurez de cette façon l'occasion d'approfondir et de parfaire vos connaissances d'allemand[6].

Ob man das Vorstellungsgespräch nun als ein ROLLENSPIEL[7] betrachtet oder als eine PRÜFUNGSSITUATION, es handelt sich im Grunde um ein Ritual, dessen Struktur in den meisten europäischen Ländern dieselbe ist[8]. Deshalb muss der Bewerber während eines

---

6. Un conseil s'impose à cet égard : si vous désirez passer un test d'évaluation de votre niveau d'allemand, veillez à ce qu'il soit complet c'est-à-dire, il doit comporter, pour être fiable, les trois aspects essentiels de la maîtrise d'une langue : 1) un écrit par exemple sous forme de QCM ; 2) une production orale ; 3) un exercice de compréhension auditive.

7. La terminologie allemande se prête aux métaphores d'origine théâtrale. Le terme *Vorstellung* signifie aussi bien « présentation » que « représentation » c'est-à-dire « mise en scène ». Au cours de cette interactivité qu'est l'entretien, nous sommes sur une scène, *auf einer der Sonderbühnen der großen Lebensbühne* et nous devons y jouer un rôle, en l'occurence le rôle d'un candidat. Il s'agit ainsi pour le postulant de produire la meilleure prestation possible sachant que la pièce ne se joue qu'une seule fois.

8. *So z.B.: Begrüßung / Kurze Selbstdarstellung des Unternehmens / Anforderungsprofil der ausgeschriebenen Position / Kurze Selbstdarstellung des Bewerbers / Ausführliche Fragenblöcke / Fragen des Bewerbers / Gehaltsfragen / Abschluss* – Accueil / L'entreprise se présente / Présentation du profil requis du poste à pourvoir / Le candidat se présente / Séries de questions posées au candidat / Questions posées par le candidat / discussion salariale / Conclusion.

Vorstellungsgesprächs gewisse Spielregeln einhalten und der potenzielle Arbeitgeber kennt ebenfalls diese Spielregeln.

So stellt sich z. B. jeder immer nur positiv, in einem günstigen Licht dar und vor. Das wäre mit dem Anforderungsprofil in den Stellenanzeigen zu vergleichen: Kandidaten, die alle gewünschten Qualifikationen auf sich vereinigen, dürften wohl kaum existieren, sie sind ein Idealfall.

Ein Aspekt der Vorbereitung wird meistens etwas vernachlässigt oder nebenbei behandelt: Die simulierende Einübung eines Gesprächs, das realistische Durchspielen wichtiger Phasen. Vergessen Sie nicht, dass Sie sich, als Franzose oder Französin, auch in einer interkulturellen Situation befinden. Für Sie bietet sich so die Gelegenheit an Ihren Deutschkenntnissen zu arbeiten, sie zu vertiefen und zu vervollkommnen [9].

Au regard de votre cas particulier mais aussi des autres interlocuteurs se détachent deux moments au cours de l'entretien :

– la présentation de votre parcours de formation et/ou de votre carrière professionnelle.

Souvent le candidat est invité au début de l'entrevue à présenter tout son parcours tel qu'il est décrit dans le CV ; ne croyez surtout pas que ce moment soit secondaire puisqu'ils « connaissent déjà » votre parcours par le dossier de candidature. On veut tester votre aptitude à vous présenter de manière convaincante. Il faudra travailler cette présentation de façon intensive.

– Questions que vous poserez à votre employeur potentiel.

Généralement, les postulants sont amenés, à un moment donné, de poser à leur tour des questions. Ces questions (cf. infra) servent également à tester votre compétence linguistique. Bien entendu, le recruteur veut savoir si vous vous

---

9. Quelques mots à propos de la prononciation. Le fait d'avoir un accent plus ou moins léger ne constitue nullement un inconvénient ; dans certains cas, il pourrait même être un avantage (publicité / marketing). Mais en revanche, certains termes anglais gardent en allemand leur prononciation d'origine, par exemple match et surtout le célèbre microsoft (« ma-i-crosoft »). Il faudra se conformer à cette habitude. Rappelons que, d'une façon générale, les Allemands s'efforcent de prononcer les mots d'une autre langue en respectant leur phonétique d'origine. Voici une petite liste de mots assez fréquents : *cadillac, crash, cyber, E-Commerce, handicap, IBM, IT, match, microsoft, sandwich, Sony* (« zo-ni »), *web site*, etc.

êtes occupé activement de la question et de l'entreprise. Mais il lui importe aussi de voir comment vous intervenez dans un débat, au cours d'une négociation. Parmi une série de questions, vous aurez choisi celles qui vous semblent convenir au cas envisagé et vous les aurez travaillées à fond.

Im Hinblick auch auf Ihren besonderen Fall, aber ebenso für alle Gesprächsteilnehmer kommen vor allem zwei Momente oder Phasen während des Gesprächs infrage:

– die Darstellung Ihres beruflichen Werdegangs, Ihrer Ausbildung.

Häufig wird der Stellenanwärter zu Beginn aufgefordert kurz seinen Lebenslauf darzustellen; es handelt sich also im Grunde um eine Selbstdarstellung und die muss unbedingt geübt werden!

– Fragen an Ihren zukünftigen Arbeitgeber.

In der Regel erhalten die Bewerber im Laufe des Vorstellungsgesprächs die Gelegenheit, selbst Fragen zu stellen. Diese Bewerberfragen (s. weiter unten) bedeuten ebenfalls einen Test für Ihre sprachliche Kompetenz, abgesehen davon, dass man erfahren möchte, in wie weit Sie sich mit der Materie beschäftigt haben. Ihre aktive Teilnahme ist gefragt. Diese Fragen müssen Sie sich intensiv erarbeiten.

# A. Entraînez-vous en vous amusant

– Comment s'entraîner de façon ludique en vue d'un entretien

Vous commencerez par votre CV. Un conseil psychologique : imaginez l'argumentaire d'un vendeur, vous devez persuader votre futur employeur que votre recrutement constitue un avantage pour l'entreprise.

Vous procédez d'abord par des enregistrements sur cassette audio. Vous aurez ainsi tout loisir de travailler votre prononciation, corriger des fautes qui vous avaient échappé, régler votre débit, et améliorer la question de l'ordre des mots ainsi que des points de syntaxe.

Au cours de ce travail sur cassette audio, vous avez un écrit pour vous aider ; il vous faudra vous en détacher. Il s'agit de parler librement en présentant un discours structuré et pertinent. Le CV contenu dans le dossier de candidature est en général rédigé sous forme synoptique, on pourrait le considérer comme un script qui est appelé à prendre vie au cours d'une (re)présentation. C'est votre rôle à présent.

Pour ce faire, vous avez besoin d'un partenaire, de quelqu'un qui connaît très bien la langue allemande, le mieux serait une personne dont la langue maternelle est l'allemand. Il faudrait qu'il ait des connaissances en la matière et le sens suffisamment critique. Vous lui réciterez votre CV, librement, sans aucun support. Après cette présentation, il y aura discussion et commentaires critiques pour procéder aux corrections et améliorations qui s'imposeront.

Dans un troisième temps, vous devriez vous entraîner avec un caméscope. C'est une expérience à faire absolument. La plupart des gens sont très surpris en voyant pour la première fois leur image, leur gestuelle et se jugent d'une façon assez négative. Vous aussi, vous serez peut-être quelque peu découragé, mais il ne faudra pas vous en inquiéter, vous ne postulez pas pour devenir acteur de cinéma ! Tout compte fait, le travail devant la caméra vous apportera de l'assurance et de la confiance en soi parce que vous apprendrez à juger objectivement vos gestes, les expressions de votre visage et votre diction.

– Wie man Gesprächssituationen spielerisch üben kann.

Am besten beginnen Sie damit, Ihren Lebenslauf zu erzählen. Ein psychologischer Tipp: Betrachten Sie das Ganze als ein Verkaufsgespräch. Sie wollen dem Unternehmen klar machen, dass Ihre Einstellung für die Firma einen Gewinn darstellt.

Der erste Schritt wären Aufnahmen durch Kassetten-Recorder; Sie können an Ihrer Aussprache arbeiten, Fehler, die Ihnen vorher nicht so bewusst waren, korrigieren, das Sprechtempo regulieren, Wortstellung und Satzbau verbessern.

In diesem ersten Stadium haben Sie eine schriftliche Vorlage vor Augen. Sie müssen sich allmählich davon lösen, um zu einem freien, gut strukturierten Vortrag zu gelangen. Der in der Bewerbungsmappe enthaltene Lebenslauf ist tabellarisch gestrafft, den kennen Sie natürlich auswendig. Er ist aber gewissermaßen nur ein Skript, jetzt müssen Sie ihn zum Leben erwecken, in freier Rede.

Dazu brauchen Sie einen kritischen Partner, der die deutsche Sprache sehr gut beherrscht, am besten wäre selbstvertändlich jemand, dessen Muttersprache deutsch ist und der mit der Materie in etwa vertraut ist. Sie tragen ihm Ihren Lebenslauf vor und in der anschließenden Diskussion können dann die nötigen Verbesserungen vorgenommen werden.

Die dritte Stufe Ihrer physischen Vorbereitung wären Übungen mit der Video-Kamera. Diese Erfahrung müssen Sie unbedingt machen. Die meisten sind sehr überrascht von ihrem Bild, von ihrer Gestik und beurteilen sich ziemlich negativ. Wahrscheinlich werden auch Sie zuerst etwas entmutigt sein, das braucht Sie aber nicht zu beunruhigen, schließlich wollen Sie ja kein Filmschauspieler werden! Im Endeffekt jedoch bringt Ihnen das Training vor der Kamera Selbstsicherheit und Selbstvertrauen, weil Sie lernen, sich selber objektiv zu beurteilen: Ihre Gestik, Ihre Mimik und Ihre Sprechweise.

Pour finir, il reste la dernière étape :

– répéter des variantes d'entretien d'embauche

Pour ce faire, il vous faudra un partenaire compétent qui s'y connaît.

Le jeu de rôles dont il est question au début vous guidera : il vous faut assumer un rôle et l'étudier à fond. Voilà l'aspect ludique : jouer plusieurs rôles en tant que candidat dans différentes situations tandis que votre partenaire vous donnera la réplique dans le rôle du recruteur ou du chef du personnel.

Vous pourrez ainsi, sur le mode interactif, traiter tous les aspects du langage du corps et, dans une première approche, corriger déjà les trois fautes le plus fréquentes aux dires des recruteurs :

– PREPARATION INSUFFISANTE (s'attendre à toutes les questions)

– MECONNAISSANCE DES REGLES DU JEU (savoir ce qui est en jeu, gagner sympathie et confiance)

– LES CANDIDATS N'ONT PAS SUFFISAMMENT REFLECHI AU MESSAGE QU'ILS VEULENT FAIRE PASSER (donner l'impression de savoir ce que l'on veut)

– Varianten von Bewerbungsgesprächen proben

Dazu brauchen Sie einen kompetenten Partner, der sich auskennt.

Um den eingangs bemühten Vergleich mit dem Rollenspiel weiterzuführen: Sie müssen in eine Rolle hineinschlüpfen und diese gründlich einstudieren. Das ist der spielerische Aspekt, mehrere Rollen durchpielen sowohl als Kandidat in verschiedenen Situationen wie auch als Personalberater, potenzieller Arbeitgeber oder Personalchef, Rollen, die dann Ihr Partner übernimmt. So können Sie ohne weiteres interaktiv alle Aspekte der Körpersprache behandeln und im ersten Ansatz die 3 häufigsten Fehler beheben, die immer wieder, laut Personalberater, vorkommen:

– Ungenügende Vorbereitung, [auf alle Fragen gefasst sein]

– Unkenntnis der eigentlichen Spielregeln [wissen, worauf es ankommt, Sympathien für sich erwerben, Vertrauen erreichen]

– Bewerber haben sich nicht überlegt, was sie eigentlich rüberbringen wollen. [den Eindruck vermitteln, dass man weiß, was man will].

## B. Tenez compte de l'importance de la première impression et du langage du corps

De nombreux recruteurs tombent d'accord sur le fait que les premières secondes donnent déjà une impression éclairante du ou de la candidate. Ne sont pas rares ceux qui admettent que déjà au bout de cinq minutes ils se sont formés largement une opinion au sujet du postulant. Ce que l'on pourrait appeler « indicateurs première impression » sont : serrer la main de manière ferme, soutenir le regard de l'autre, (regarder dans les yeux), un sourire aimable et un maintien droit.

Les paroles peuvent mentir, le corps non.

Sehr viele Personalverantwortliche bzw. Interviewer sind sich darüber einig, dass schon die ersten Sekunden entscheiden, wie ein Mensch wirkt. Nicht wenige geben zu, dass sie sich schon nach fünf Minuten weitgehend eine Meinung über den oder die Kandidat(in) gebildet haben. Zu den «Erster Eindruck» Kriterien gehören: Fester Händedruck, offener Blickkontakt, ein freundliches Lächeln und eine aufrechte Körperhaltung.

> Die Gründe für eine solche Beurteilung liegen in der Annahme, dass Worte lügen können, der Körper aber nicht. Deshalb wird der Körpersprache eine so hohe Bedeutung beigemessen.

Si les paroles savent mentir et le corps non, c'est que le corps peut trahir [10].

Quoi qu'il en soit, la manière dont vous allez vous présenter doit être irréprochable ; n'oubliez pas, le langage du corps et les vêtements y sont pour plus de 50 % quant à la première impression suivi du son de la voix, de la diction.

Vous n'avez qu'une occasion de donner une bonne première impression, les premières paroles sont importantes et comptent.

La tenue vestimentaire doit être adéquate, convenir dans tous les cas à l'image de l'entreprise. Votre comportement suivra dans ce sens, c'est-à-dire conforme à l'esprit de cette entreprise.

Vous devez prononcer votre propre nom lors des présentations, même si tout le monde sait qui vous êtes. Si vous n'avez pas très bien compris l'énoncé d'un nom, faites répéter ; il est tout

---

10. Ainsi a-t-on pu établir des correspondances entre des expressions corporelles et de sentiments ou émotions d'un interlocuteur à son insu. Par exemple :

| GESTUELLE | SIGNIFICATION POSSIBLE |
|---|---|
| haussement d'épaules | passivité, résignation |
| bras croisés | refus, fermeture, peur |
| jambes croisées et balancement des pieds | arrogance, impatience, agressivité |
| mains en constant mouvement | nervosité, excitation, peur, confusion |
| porter les doigts à la bouche | embarras, être mal assuré |
| montrer l'interlocuteur du doigt | attaque, colère |
| appuyer la tête sur les mains | être pensif, épuisé, ennuyé |

| REGARD – EXPRESSIONS MIMIQUES | SIGNIFICATION |
|---|---|
| regard en biais | réserve désapprobatrice |
| détourner fréquemment le regard | gêne, absence de sympathie |
| mouvements fréquents des paupières | manque d'assurance, embarras |
| lèvres serrées | réserve, peu de contact |
| sourcils vers le haut | incrédulité, arrogance |

| DICTION | SIGNIFICATION |
|---|---|
| voix faible | manque d'assurance, faiblesses |
| débit trop rapide | nervosité |
| changement fréquent du tempo | déséquilibre |
| accent tonique faible | désintérêt, immobilisme d'esprit |

à fait gênant de ne pas savoir le nom de tel ou tel interlocuteur au cours de l'entretien. Lorsque vous êtes confronté à plusieurs interlocuteurs, vous pouvez être sûr qu'il y a une répartition des rôles parmi eux ; vous vous adresserez à chacun en l'appelant par son nom et en le regardant droit dans les yeux, c'est aussi une question de politesse.

Wie dem auch sei, an Ihrer Präsentation darf nichts auszusetzen sein, entfallen doch beim ersten Eindruck über 50% auf die persönlichen Wirkungsmittel, Körpersprache und Kleidung, gefolgt vom Klang der Stimme.

Nur einmal haben Sie die Gelegenheit, einen guten Eindruck zu machen, die ersten Worte sind wichtig und zählen.

Die Kleidung muss passend sein, auf alle Fälle zum Stil des Unternehmens. Daraus ergibt sich ebenfalls Ihr Verhalten: im Sinne der jeweiligen Firma[11].

Bei der Vorstellung seinen eigenen Namen nennen, auch wenn klar ist, wer Sie sind. Wenn Sie bei der Vorstellung einen Namen nicht verstanden haben, sollten Sie nachfragen. Wenn Sie in einem Vorstellungsgespräch mit einer Gruppe konfrontiert sind, können Sie davon ausgehen, dass es eine Rollenverteilung innerhalb dieser gibt. Immer Blickkontakt halten, jeden einzelnen mit dem Namen ansprechen.

## II – ANTICIPER LE DEROULEMENT PROBABLE DE L'ENTRETIEN[12]

On a coutume de distinguer les entretiens directifs de ceux qui sont non directifs. Cette distinction ne concerne nullement le contenu de l'entretien mais seulement la conduite de celui-ci.

---

11. On pourra établir une liste de priorités : 1) Ne choisir que de pièces vestimentaires dans lesquelles vous vous sentez à l'aise et qui conviennent à l'occasion ; / *Nur fürs jeweilige Vorstellungsgespräch angemessene Kleidung anziehen, in der Sie sich wohlfühlen.* 2) Contrôler les vêtements quant aux taches éventuelles, trous ou boutons manquants ; choisir des habits qui ne froissent pas trop ; / *Keine knitternde Kleidung wählen und sie auf Flecken, Löcher oder fehlende Knöpfe prüfen.* 3) Les chaussures doivent aller avec les vêtements, être brossées et n'auront pas les talons usés ; / *Schuhe passend zur Kleidung, frisch geputzt und ohne abgelaufene Absätze.* 4) Les candidates devraient avoir sur elles un collant de rechange et ne porter que peu de bijoux ; / *Bewerberinnen sollten eine Ersatzstrumpfhose bei sich haben und nur wenig Schmuck tragen.* 5) Les candidats porteront des chaussettes dont la couleur ne sera jamais plus claire que le pantalon et leurs cravates ne seront jamais trop courtes ; / *Die Socken der Bewerber sollten nie heller sein als die Hose und die Krawatte nie zu kurz gebunden.*

12. L'ordre des séquences d'un entretien est loin d'être immuable. On peut avoir le déroulement suivant: les interlocuteurs – les représentants de l'entreprise – se présentent et présentent l'entreprise ; un des responsables donne une description détaillée du poste. Ensuite c'est à votre tour de vous présenter ; on pourrait tout aussi bien passer directement au jeu des questions et réponses.

Comme c'est le recruteur qui conduit l'entretien, ce sera, en règle générale, lui qui décidera dès le début du déroulement ultérieur de l'entrevue.

Le cas extrême d'un entretien non directif serait une conversation « à bâtons rompus » entre deux partenaires égaux. Un tel cas est bien entendu très rare comme l'est, d'autre part, celui d'un entretien entièrement structuré. Dans le fond, on a affaire aux mêmes règles du jeu que celles qui régissent l'économie de marché : les lois de l'offre et de la demande.

La structuration n'affecte pas le contenu de l'entretien parce que celui-ci constitue l'entretien d'embauche proprement dit, c'est-à-dire :

– le candidat présente son parcours, son CV ;

– questions posées au candidat ;

– questions posées par le candidat.

Peu importe que l'entretien soit directif ou non ou semi-directif, il y aura toujours ces trois phases. L'ordre peut changer. Il pourra y avoir une auto-présentation de l'entreprise, peu importe, le candidat sera mis sur le gril car même les questions qu'il posera lui-même, seront considérées comme un test.

Im Allgemeinen unterscheidet man zwischen strukturierten und unstrukturierten Gesprächen. Diese Unterscheidung betrifft nicht den Gehalt der Gespräche, sondern nur die Gesprächsführung. Da diese der Interviewer übernimmt, entscheidet er zu Beginn des Gesprächs über die Form des weiteren Verlaufs.

Der Extremfall eines unstrukturierten Geprächs wäre eine Unterhaltung in lockerer Form zwischen zwei gleich gestellten Partnern. Dieser Fall ist natürlich äußerst selten wie auch andererseits das durchstrukturierte Gespräch nicht sehr häufig sein dürfte. Im Grunde treffen wir hier dieselben Spielregeln an wie in der allgemeinen, freien Marktwirtschaft: die Gesetze von Angebot und Nachfrage.

Die Strukturierung ändert nichts am Inhalt des Gesprächs, weil dieser das eigentliche Bewerbungsgespräch ausmacht, nämlich:

– Die Selbstdarstellung des Bewerbers ;

– Fragen an den Bewerber ;

– Fragen des Bewerbers.

## A. Vous vous présentez

Quelques conseils succincts quant au style et à la façon de parler :

– Adressez-vous à votre interlocuteur en prononçant son nom[12].

– N'utiliser dans la mesure du possible que des propositions principales ;

si vous employez une subordonnée, une seule par principale.

– Privilégiez les verbes aux substantifs si possible.

– Articulez bien, distinctement même si vous avez l'impression d'exagérer quant au tempo.

– Observez de temps à autre un silence, pour que votre interlocuteur puisse trouver l'occasion de poser des questions à son tour.

– Ne parlez ni sans point ni sans virgule.

> Einige Ratschläge zum Sprachstil und zur Sprechweise während des Gesprächs:
> – Sprechen Sie unbedingt Ihren Gesprächspartner mit seinem Namen an.
> – Möglichst in Hauptsätzen sprechen; wenn Nebensatz, dann nur einen pro Hauptsatz.
> – Substantivierungen auf –ung vermeiden[13].
> – Deutliche Aussprache.
> – Ab und zu eine Pause einlegen, damit der Gesprächspartner Gelegenheit bekommt, Zwischenfragen zu stellen.
> – Nicht ohne Punkt und Komma sprechen.

La candidature est structurée principalement par deux pièces maîtresses de la procédure :

---

12. Rappelez-vous l'habitude qu'ont les Allemands de se présenter au téléphone par leur nom, sans être précédé de *Herr* ; le « Hallo! » ou « Allô » constitue une impolitesse.
13. On inculque aux jeunes Allemands déjà d'éviter le plus possible les noms se terminant en -ung pour que le style ne devienne pas trop lourd ; cela n'est pas toujours facile, étant donné la masse énorme de ce genre de substantifs !

## le **CV** et l'**Entretien**

La Lettre – en fait la 3ᵉ pièce maîtresse – d'accompagnement, de motivation sert à établir un lien entre ces deux étapes ; elle est jointe au CV non pour expliquer celui-ci davantage, mais pour solliciter une entrevue, un entretien en précisant les raisons qu'a le candidat de postuler pour ce poste dans cette entreprise étant donné son profil requis.

La particularité du CV consiste dans le fait qu'il apparaît sous trois formes :

1) à l'écrit, faisant partie du dossier de candidature dont il représente le document essentiel ;

2) au cours de l'entretien, à deux moments de son déroulement :

> – pendant la phase initiale lorsqu'on demande au candidat de se présenter et de présenter sa formation et son parcours professionnel ;
> – ensuite, à l'occasion du jeu des questions et réponses lorsqu'on met le postulant sur le gril.

CV et entretien sont intimement liés puisque les deux tentent de (re)constituer – par l'écrit et par l'oral – le profil d'un candidat.

L'importance de l'entretien résulte de l'articulation verbale du CV et, d'autre part, du « face à face » des deux interlocuteurs, de la présence physique du postulant que rien ne saurait remplacer.

On pourrait presque dire que le CV représente le scénario d'une pièce intitulée « Entretien d'embauche ».

Il vous appartient de préparer votre présentation personnelle jusqu'au moindre détail pour la simple raison qu'elle vous offre la possibilité de parler des points faibles dans votre CV ne serait-ce que pour les présenter sous un éclairage positif. Si vous êtes sûr de vous-même, si votre argumentation est convaincante, le recruteur ne reviendra vraisemblablement pas sur cet aspect au cours de l'entretien.

Zwei Hauptstücke kennzeichnen den Bewerbungsvorgang:

Der **Lebenslauf** und das **Vorstellungsgespräch**

– Das Besondere am Lebenslauf besteht darin, dass er dreimal im Verlauf der Bewerbung in Erscheinung tritt:

1) In schriftlicher Form, unter den Bewerbungsunterlagen, deren Hauptstück er darstellt;

2) Im Gesprächsverlauf; zu Beginn, wenn der Bewerber sich vorstellt und seinen Werdegang schildert;

3) Und zu einem späteren Zeitpunkt, wenn er im Frage– und Antwortspiel auf Herz und Nieren geprüft wird.

Die Selbstpräsentation sollten Sie auch deshalb bis ins Einzelne vorbereiten, weil sie Ihnen die Möglichkeit bietet, Schwachpunkte in Ihrem Lebenslauf anzusprechen und sie in einem positiven Licht erscheinen zu lassen. Wenn Ihnen das gelingt, d.h. wenn Sie die nötige Selbstsicherheit besitzen und glaubwürdig argumentieren, wird der Personalverantwortliche im weiteren Gesprächsverlauf wahrscheinlich nicht wieder auf diese Schwachpunkte zu sprechen kommen.

## B. Vous répondez aux questions

En général, les recruteurs structurent les questions en plusieurs séquences, surtout lorsqu'il s'agit d'entretiens directifs ou semi-directifs. On a ainsi trois à quatre domaines ou blocs :

– Qualification professionnelle et motivation ;
– La personnalité du candidat ;
– La formation ;
– L'environnement familial et social.

La pondération des différents aspects quant à la durée totale de l'entretien diffère selon les cas et il n'y a pas un ordre immuable. Le type d'interview – directif, semi-directif, non-directif – commande bien souvent le rituel de la procédure. De manière générale, on prend le temps qu'il faut pour vous examiner à la loupe.

Le nombre total des questions possibles s'élève à environ 150. Vous devez procéder à un choix ciblé et judicieux : 20 à 30 questions devront être travaillées à fond, surtout eu égard à votre orientation/vocation internationale.

Traditionell werden die an die Bewerber gerichteten Fragen von den Personalberatern in mehrere Fragenkomplexe oder Blöcke aufgeteilt, vor allem bei einem strukturierten Gespräch. Meistens handelt es sich um drei bis vier Bereiche:

**– Die fachliche Eignung und berufliche Motivation**

**– Die Persönlichkeit**

**– Die Ausbildung**

**– Familie und soziales Umfeld**

Der Anteil der einzelnen Bereiche an der Gesamtdauer des Gesprächs ist natürlich von Fall zu Fall unterschiedlich, ebenso wie die Reihenfolge. Vieles hängt auch von der Art des Interviews ab. Im Allgemeinen nimmt man sich Zeit, um Sie genau unter die Lupe zu bringen.

Die Gesamtzahl der möglichen Fragen beläuft sich auf ungefähr 150[14]. Sie müssen sich gezielt unter diesen Standardfragen 20 bis 30 aussuchen, die für Sie von Bedeutung sind, vor allem im Hinblick auf Ihre internationale Ausrichtung.

L'entretien sert, tout compte fait, à répondre à deux questions de l'employeur potentiel :

– « Pourquoi devrions-nous vous engager plutôt qu'un autre ? »

– « Quel avantage pouvez-vous nous offrir que d'autres candidats ne sont pas en mesure de nous fournir ? »

Ces deux questions sont plus ambiguës qu'elles ne paraissent. En effet, si, apparemment, elles sont adressées au candidat, le destinataire n'est en réalité que l'employeur, c'est lui qui se pose ces questions qui sont donc, à dire vrai, des questions rhétoriques. En définitive, le postulant ne saurait y répondre, car il ne connaît pas les autres demandeurs d'emploi avec leurs points forts, leurs faiblesses, leurs avantages.

Et pourtant, il devra y répondre puisqu'il s'agit de la question essentielle : persuader le futur employeur que vous êtes bien le collaborateur qu'il lui faut, qu'il y perdrait s'il ne vous engageait pas.

---

14. *Cf.* 3ᵉ Partie, Chapitre 8, un ensemble relativement fourni de questions possibles.

C'est à ce niveau qu'intervient, en dehors de vos qualifications professionnelles, votre prestation personnelle, physique. Votre personnalité intervient pour plus 75 % quant à l'issue favorable de l'entretien. Vous devez gagner la sympathie de votre interlocuteur ; or dans ce domaine domine l'impondérable, il n'y a pas de règles pour paraître sympathique. Toutefois, dans le monde du travail, il existe ce que l'on pourrait appeler une sympathie « raisonnée ». Quelques règles élémentaires et simples de comportement doivent être observées et contribueront au bon déroulement de l'entretien.

Ce qui a été esquissé plus haut à propos de « La Première Impression » doit être étendu à tout l'entretien.

– Donnez à votre interlocuteur l'impression que vous l'écoutez, que vous êtes intéressé par ses explications, que vous le prenez au sérieux.

– Signalez par votre attitude et votre mimique ouverture et gentillesse. Ayez le sourire et regardez votre interlocuteur droit dans les yeux.

– Restez « cool » et ne montrez aucune nervosité.

– Ecoutez et répondez précisément aux questions. Ne cherchez pas à mener l'entretien.

– Répondez tranquillement à des questions qui peuvent paraître superfétatoires. Le recruteur a ses raisons : voir si vous ne vous contredisez pas, si vous possédez bien votre dossier etc. Il faut jouer le jeu !

> Zwei Fragen vor allem des potenziellen Arbeitgebers müssen im Verlaufe des Gesprächs eine zufriedenstellende Antwort finden:
>
> – "Warum sollten wir gerade Sie einstellen ?" und
>
> – "Welchen Vorteil können Sie uns bieten, den andere Bewerber uns nicht bieten können ?"
>
> Diese beiden Fragen sind nicht so eindeutig wie sie scheinen. Sie sind mit Vorsicht zu behandeln. Wenn sie auch in dieser bestimmten Gesprächssituation an den Bewerber gerichtet sind, so ist doch der eigentliche Empfänger der potentielle Arbeitgeber, der sich diese Fragen stellt. Letztendlich kann der Bewerber diese Fragen gar nicht

beantworten, sind ihm doch die Stärken oder Schwächen der Mitbewerber unbekannt.

Er muss aber Antworten auf diese beiden Fragen parat haben und zwar einleuchtende und glaubwürdige. Das Hauptproblem ist, den Arbeitgeber zu überzeugen, dass Sie der ideale Mitarbeiter sind und für diese Position wie geschaffen.

Hier liegt der springende Punkt: neben der fachlichen Qualifikation kommt es in einem Vorstellungsgespräch darauf an, beim Gesprächspartner Sympathie zu erwecken, ihn durch Ihre Ausstrahlung für Ihre Persönlichkeit einzunehmen. Sie ist Ihr unverwechselbares Kapital, das hebt Sie von der Konkurrenz ab. Wenn man die Erwartungen der Arbeitgeber auf einen Nenner bringen wollte, so käme man zu folgendem Ergebnis: auf drei Punkte kommt es an. Voraussetzung ist natürlich ohne Frage die **Kompetenz**, aber sie liegt erst an dritter Stelle, hinter der **Leistungsmotivation**; das A und O ist aber die **Gesamtpersönlichkeit**. Auf sie kommt es in erster Linie an und das hat etwas mit der Sympathie zu tun. Der Personalentscheider und der Kandidat müssen zueinander finden: er muss Sie sympathisch finden, die Chemie muss stimmen.

Die Schwierigkeit besteht darin, dass man Sympathie-Erweckung nicht eigentlich planen oder spielend einüben kann wie andere Teile des Vorstellungsgesprächs.

Es gibt zwar keine systematischen Techniken zur Mobilisierung von Sympathie in dieser Gesprächssituation, doch sollte man einige Grundregeln beachten, um wenigstens nicht unsympathisch zu erscheinen.

Was oben ansatzweise über den **Ersten Eindruck** ausgeführt wird, gilt generell für den ganzen Verlauf des Vorstellungsgesprächs.

– Geben Sie Ihrem Gesprächspartner das Gefühl, dass Sie ihm zuhören, dass Sie sich für seine Ausführungen interessieren, dass Sie ihn ernst nehmen!

– Signalisieren Sie durch Ihre Körperhaltung und Ihre Mimik Offenheit und Freundlichkeit. Lächeln Sie und schauen Sie Ihrem Gegenüber in die Augen!

– Bleiben Sie gelassen und souverän. Keine Nervosität!

– Hören Sie zu und gehen Sie auf das Gesagte ein. Reißen Sie aber das Gespräch nicht an sich!

– Antworten Sie ruhig auf anscheinend überflüssige Fragen: Der Personalverantworliche hat seine guten Gründe, er will Sie auf eventuelle Widersprüche hin testen und kontrollieren, ob Sie von Ihren Unterlagen bis ins Einzelne Kenntnis haben. Sie müssen mitspielen!

## FRAGEN ZUR STELLEN- UND BERUFSWAHL

Oben ist die Rede von der grundlegenden Frage «Warum sollten wir gerade Sie einstellen»?

« Pourquoi devrions-nous vous engager plutôt qu'un autre » ?

Die andere Schlüsselfrage des potentiellen Arbeitgebers kann Ihnen bei der Beantwortung dieser Frage behilflich sein:

Warum haben Sie sich gerade bei uns beworben?

Mit den Varianten:

Wie kommen Sie gerade zu **uns**?
Warum haben Sie sich bei **unserer** Firma beworben?

L'autre question-clef de votre employeur potentiel peut vous guider en répondant à cette question :

Pourquoi avez-vous posé votre candidature chez **nous** ?

Avec les variantes :
Comment se fait-il que vous veniez **chez** nous ?
Pourquoi postulez-vous dans **notre** entreprise ?

Diese beiden Fragen ergänzen sich. Im Grunde bedeuten sie den Kern des ganzen Fragekomplexes, die meisten anderen werden zu ihnen in Perspektive gesetzt. Sie fehlen wohl in fast keinem Vorstellungsgespräch. Es versteht sich von selbst, dass Sie hier gefordert sind: Sie müssen unbedingt glaubwürdig und überzeugend wirken und antworten.

Ces deux questions sont complémentaires et constituent sans doute le noyau « dur » de l'ensemble des questions qui sont, elles, mises en perspective par rapport aux deux autres. Elles figurent dans presque tous les entretiens d'embauche. Il va sans dire que l'on vous y attend et vos réponses doivent être absolument crédibles et convaincantes.

In Ihrem Fall gewinnen diese beiden Fragen besonders an Bedeutung, weil Sie sich in einem anderen Land bewerben und deshalb andere Fragen ebenso wichtig werden.

Es handelt sich um folgende Fragestellungen:

– Warum möchten Sie im Ausland arbeiten?
– Warum hier in Deutschland / Österreich / Schweiz?
– Warum möchten Sie als Franzose hier in Deutschland, in einem deutschsprachigen Umfeld arbeiten?

Pourquoi avez-vous l'intention de travailler à l'étranger ?
Pourquoi ici, en Allemagne ?

– Was fasziniert Sie an unserem Land?
– Was gefällt Ihnen an unserem Land?
– Was interessiert Sie gerade an uns?

Qu'est-ce qui vous plaît dans notre pays ?
Qu'est-ce qui vous intéresse dans ce pays ?

– Wie lange möchten Sie im Ausland tätig sein?
– Könnten Sie sich vorstellen, für immer im Ausland zu leben?

Combien de temps voudriez-vous travailler à l'étranger ?
Pourriez-vous imaginer de vivre pour toujours à l'étranger ?

Zusammenfassend kann man sagen: der Berater möchte nicht nur erfahren, warum Sie in **dieser** Firma arbeiten wollen, sondern auch warum in **Deutschland** oder in einem **deutschsprachigen** Umfeld. Es ist klar, dass Sie gewichtige Gründe vorbringen müssen, um Ihren potenziellen Arbeitgeber zu überzeugen.

Die Tatsache, dass Sie die deutsche Sprache beherrschen ist natürlich ein erster Hinweis.

Vous constaterez d'abord que ces questions sont parfaitement justifiées. Le recruteur ou l'employeur potentiel ne peut pas ne pas poser ces questions. Non seulement il veut savoir pourquoi vous voulez travailler dans cette **entreprise-là**, mais aussi pourquoi en **Allemagne** ou dans un **environnement germanophone**.

Die Anzahl der Fragen des Fragepools, den Sie im Anhang aufge-
listet finden, ist relativ hoch. Es seien einige herausgegriffen, die
Ihnen mit großer Wahrscheinlichkeit gestellt werden können.

Voici un choix de questions que vous risquez de rencontrer.

## EMPLOI

– Wo sehen Sie sich in fünf oder zehn Jahren?
– Was wissen Sie über unser Unternehmen?
– Wie informieren Sie sich über den deutschen Arbeitsmarkt?
– Was halten Sie von der Dikussion um ...?
– Wo haben Sie sich noch beworben?
– Hat man Ihnen woanders eine Stelle angeboten?
– Wie ist Ihre Arbeitssuche bis jetzt verlaufen?
– Was wissen Sie über die Entwicklungen in unserer Branche?
– Haben Sie die Fachmesse XY besucht?
– Nennen sie uns doch bitte mal unsere drei namhaftesten Produkte!
– Kennen Sie unseren Umsatz weltweit?
– Wie viel möchten sie denn verdienen?
– Warum verlassen Sie Ihre jetzige Firma?
– Was reizt Sie besonders an der ausgeschriebenen Position?

## FORMATION

– Warum haben Sie ein Universitätsstudium absolviert?
– Warum haben Sie sich für dieses Studienfach entschieden?
– Warum haben Sie nicht eine der Eliteschulen in Ihrem Land
besucht?
– Haben Sie gerne studiert?
– Würden Sie Ihr Fach noch einmal studieren?

## CHAMP PERSONNEL

– Was ist Ihre größte Schwäche?
– Erzählen Sie doch mal etwas über sich!
– Welche berühmte Persönlichkeit könnte Ihr Vorbild sein?
– Wie gehen Sie mit Konflikten um?
– Nennen Sie Ihre Stärken und Schwächen!
– Was war die wichtigste Entscheidung, die Sie bisher in Ihrem
Leben treffen mussten?
– Was würden Ihre Freunde sagen, wenn wir sie nach Ihren
Schwächen befragten?

– Wie würde Ihr bester Freund Ihre Stärken beschreiben?
– Was verstehen Sie unter Teamarbeit?

ENVIRONNEMENT FAMILIAL ET SOCIAL

– Welchen Beruf üb(t)en Ihre Eltern aus?
– Mit wem leben Sie zusammen?
– Ist Ihr(e) Partner(in) über Ihre Pläne informiert?
– Hätten Sie gerne eine Familie?
– Was machen Sie in Ihrer Freizeit?
– Wie lange lebten Sie zuhause?
– Ist Ihre Umgebung einverstanden mit dem Auslandsjob?

Comment répondre à des questions embarrassantes.

Wie man auf **unangenehme** Fragen antworten kann.

Mehrere Möglichkeiten, darauf zu reagieren:

– **Zeigen Sie sich erkenntlich für die Frage**: «Ich bin froh, dass Sie mich danach fragen...»

– **Bewerten Sie die Frage neu**: «Ihnen ist es also wichtig, dass Sie für die ausgeschriebene Position jemanden finden, der sein Studium schnell absolviert hat? ...»

– **Lenken Sie ab!**: «Das ist ein interessanter Aspekt, den Sie da ansprechen.....»

– Einen Augenblick nachdenken und die **Frage wiederholen**:»Habe ich Sie richtig verstanden? Sie wollen von mir wissen, wie ich mit ....»

– **Bitten Sie um nähere Informationen** zur Beantwortung der Frage: «Ich bin mir nicht sicher, ob ich genügend Informationen habe, um die Frage zu beantworten......»

– **Antworten Sie mit einer Gegenfrage!**
Generell gilt für unangenehme Fragen: Lenken Sie die Aufmerksamkeit auf Ihre **starken** Seiten. So demonstrieren Sie auch «unter Beschuss» ein gelassenes Auftreten, erweisen sich als selbstsicher und stressresistent!

Questions en principe non autorisées :

**Unzulässige Fragen:**

Religion, politische Partei, Schwangerschaft, Familienplanung, Lohnpfändungen, Vermögensverhältnisse, Vorstrafen.

Beantworten Sie eine unzulässige Frage falsch, so hat dies später keine nachteiligen Folgen im Hinblick auf die Wirksamkeit des Arbeitsvertrags.

## C. Vous posez des questions

Il est dans l'ordre des choses, il tombe sous le sens que les questions du candidat concernent l'ENTREPRISE. Cette apparente trivialité signifie néanmoins un rapport de forces bien particulier, un déséquilibre entre deux interlocuteurs qui, quoi qu'on en dise, n'ont pas le même poids, sauf dans des cas de conjoncture spécifique.

Vous ne pouvez pas par exemple poser des questions d'ordre personnel au recruteur ou au représentant de l'entreprise. Vous êtes l'individu face à une corporate identity dont vous cherchez à cerner la *corporate culture* [15] comme on dit aujourd'hui. C'est ainsi qu'il vous est quasiment impossible d'avoir des lumières sur l'ambiance qui règne au sein de l'entreprise, sur la qualité des relations humaines au niveau du personnel. (Vous avez bien sûr toujours la possibilité d'interroger quelqu'un qui occupe un poste dans l'entreprise en question ; mais il n'est pas sûr que ce soit bien concluant).

Dans le cas d'un emploi à l'étranger, en l'occurrence en Allemagne, il vous reste, dans une première approche, l'étude de la mentalité allemande quant à l'organisation d'une entreprise, sa structuration et les fondements sur lesquels repose le système. Cette approche vous donnera une première idée. Dans ce cas très précis, il s'avère fort utile de s'informer auprès de quelqu'un qui a déjà travaillé dans une entreprise ou une structure à prédominance germanophone.

En posant des questions judicieuses vous montrez à votre employeur potentiel ou au responsable du personnel que vous êtes relativement bien renseigné sur le marché du travail allemand.

---

15. Äußerlich präsentiert sich das Unternehmen in Form von Symbolen: Firmenzeichen, Architektur, Kleidung, betriebstypische Rituale, Sprachregelungen... Diese Symbole sind natürlich nur Symptome einer spezifischen Unternehmenskultur.

Mit intelligenten, d.h. kompetenten Fragen zeigen Sie Ihrem potenziellen Arbeitgeber oder dem Personalverantwortlichen, dass Sie sich sowohl auf dem deutschen Arbeitsmarkt auskennen als auch im einschlägigen Arbeits- und Sozialrecht.

Im Gegensatz zu den FRAGEN AN DEN BEWERBER bestehen die FRAGEN DES BEWERBERS aus einem einzigen Fragenkomplex, in dessen Mittelpunkt das Unternehmen und der potenzielle Arbeitsplatz stehen.

Mit sinnvollen Fragen demonstrieren Sie Ihr **Interesse an der Position und Ihr berufliches Engagement.**

Note à propos de l'art de poser des questions

Certaines questions doivent être posées différemment puisque le candidat est censé s'être documenté sur l'entreprise, moins directe, sous une forme qui témoigne de sa recherche d'informations, par exemple « J'ai lu dans ... que votre entreprise ... ».

Comme vous le savez, il est conseillé de poser des questions « ouvertes », mais pensez, surtout pour l'allemand, à remplacer le rituel « Pourquoi » par d'autres tournures telles que « Pour quelles raisons... »Quel(s) objectif(s)...

Anmerkungen über Fragetechnik [16]

Möglichst offene Fragen stellen!

Vermeiden Sie **Warum-Fragen**

Ersetzen Sie «**Warum**?» durch Formulierungen wie: «**Aus welchen Gründen ...?**» oder «**Welche Gründe ...?**»

**Fragen zu den Anzeigenattributen**

In Ihrer Anzeige steht, dass ... ?

Was meinen Sie mit der Bezeichnung ... ?

Eigentlich habe ich in Ihrer Anzeige einen Hinweis auf ... vermisst.

---

16. Cet aspect de l'entretien doit être étudié attentivement, il fait partie d'un ensemble plus vaste appelé la *Rhétorique* qui depuis bien des années, constitue une des données élémentaires des techniques du *management* et des techniques ou argumentaires de vente. Qu'on en juge d'après les différents programmes de cours et séminaires pour agents de maîtrise et cadres : *Gesprächsführung im Verkauf: Psychologie, Körpersprache, Fragetechnik, Argumente, Einwände...* Ou bien : *Überzeugen im Gespräch und bei Verhandlungen durch Aufbau, Technik, Stimme, Körpersprache.* Il va de soi que ces techniques prennent une importance considérable au cours de l'*Interkulturelle Kommunikation.*

Fragen zum Unternehmen und zum neuen potenziellen Arbeitsplatz

On a interrogé 1 000 jeunes diplômés quant à leurs souhaits, demandes et exigences concernant leur premier employeur ; voici les résultats qui sont tout à fait intéressants puisqu'ils esquissent en quelque sorte le profil d'un jeune cadre de la « Nouvelle Economie ».

Ce tableau mériterait d'être commenté plus en avant. [17]

**Wichtigste Anforderungen an den ersten Arbeitgeber** *(Computer Woche\*)*

| | |
|---|---|
| Abwechslungsreiche Aufgaben | 39,1% |
| Flexible Arbeitsbedingungen | 32,1% |
| Erwerb von langfristigen Fähigkeiten | 31,1% |
| Eigenverantwortliche Arbeit | 30,2% |
| Gleichgewicht zwischen Berufs- und Privatleben | 24,7% |
| Ansprechende Unternehmenskultur | 21,9% |
| Projektarbeit möglich | 21,3% |
| Flache Hierarchie / offene Kommunikation | 20,7% |
| Sichere Anstellung | 17,7% |
| Gute Referenz für Karriere | 11,8% |
| Überdurchschnittliches Gehalt | 11,7% |
| Management-Ausbildung möglich | 7,7% |
| Schneller Aufstieg im Unternehmen | 5,7% |
| Spezialisierung möglich | 5,6% |
| Anwendung von Sprachkenntnissen | 5,1% |

Der Fragenkatalog eines Bewerbers kann zum Teil im Hinblick auf die Ergebnisse dieser Umfrage zusammengestellt werden, er muss aber in jedem Fall folgende Bereiche einbeziehen:

– Aufgabenbereich der Stelle;
– Verantwortungsbereich;
– Produktpalette der Firma;
– Größe des Unternehmens;
– Aufstiegschancen.

17. On constatera des convergences très nettes avec les résultats obtenus par la société suédoise Universum aux termes d'une enquête menée auprès de 2 489 étudiants de 33 universités françaises sur l'image qu'ils se font de « l'employeur idéal » (*cf.* www.universum.se et le compte rendu du Monde du mardi 16 mai 2000). Il en ressort que les jeunes dipômés attachent une grande importance au « bien être dans le travail » c'est-à-dire, ils demandent aux entreprises qu'elles leur donnent rapidement l'occasion de prendre des responsabilités (58%) ou qu'elles leur assurent une bonne ambiance de travail (71% qui fait figure de premier critère).
\* *Computer Woche* – 02/2000.

Les questions que le candidat posera peuvent s'inspirer des résultats de l'enquête, mais dans tous les cas, elles doivent porter sur les aspects suivants :

– La ou les missions,
– Les responsabilités,
– La gamme des produits de l'entreprise,
– La taille de l'entreprise,
– Les évolutions de carrière.

Parmi la cinquantaine de questions recensées (*cf.* Chapitre 8), il faudra en choisir une vingtaine, bien ciblées et précises. S'y ajouteront quelques vingt autres lors d'un second ou troisième entretien.

Es macht keinen schlechten Eindruck, wenn Sie schriftlich vorbereitete Fragen zu Rate ziehen so wie es generell angebracht ist während des Gesprächs unauffällig Notizen zu machen.

– Fragen, die Sie unbedingt stellen müssen, in Ihrem eigenen Interesse oder sei es auch nur, um zu zeigen, dass Sie mit der Materie vertraut sind und dass man Ihnen nichts vormachen kann.

– Aus welchem Grund ist der Arbeitsplatz frei geworden?
– Haben Sie ein spezielles Programm für die Zeit der Einarbeitung?
– Könnte ich ein Stellenanforderungsprofil bekommen?
– Welche besonderen Erwartungen haben Sie an den neuen Stelleninhaber?
– Welche Qualifikation hatte mein Vorgänger?
– Welche späteren Entwicklungsmöglichkeiten bestehen für mich?
– Welche Weiterbildungsmöglichkeiten gibt es für mich?
– Welche Werte werden in diesem Unternehmen vertreten?
– Welche wesentlichen Veränderungen hat diese Firma in den vergangenen fünf Jahren erlebt?
– Welchen Führungsstil praktizieren Sie?
– Welches Beschaffungs-, Marketing- und Vertriebskonzept haben Sie?
– Wer wird mein Vorgesetzter sein?
– Wie sieht das Organigramm des Unternehmens aus?
– Wie war die Umsatzentwicklung in den letzten Jahren?
– Wie würden Sie den erfolgreichen Mitarbeiter Ihres Unternehmens beschreiben?

– Wird die Stelle, die ich übernehme, neu geschaffen?
– Wo wäre ich hierarchisch eingeordnet und wem wäre ich zugeordnet?

Toutes les questions que vous pourrez poser ont pour but d'obtenir des informations relativement sûres sur les points suivants :

– En quoi consiste exactement cet emploi ?
– Mes qualifications correspondent-elles au profil requis ?
– Est-ce que je me sentirais à l'aise en travaillant avec ces gens-là ?
– Est-ce que je pourrais les persuader que je suis exactement le collaborateur qu'il leur faut ?
– Est-ce que mes prétentions trouveront un écho favorable ?

Ces questions, vous les poserez à vous-même en guise de conditions essentielles. Vous n'êtes pas venu « quémander », vous avez vos exigences propres et vos qualités.

## D. Votre comportement à la conclusion de l'entretien

ABSCHLUSS DES GESPRÄCHS

> Im Allgemeinen entwickeln Bewerber ein Gespür dafür, wann der Personalverantwortliche das Vorstellungsgespräch beenden will. Ein Fehler wäre es, noch möglichst viele Fragen «nachzuschieben», um weitere Pluspunkte sammeln zu können. Bleiben Sie weiterhin freundlich und aufgeschlossen; zeigen Sie vor allem keine Nervosität.

Il se peut que votre interlocuteur vous pose, en guise de résumé, une ou deux des fameuses questions-clefs :

– « Résumons-nous : pour quelles raisons devrions-nous vous embaucher plutôt qu'un autre ? »

Ou :

– « Quels arguments plaident en votre faveur et quelles raisons plutôt contre ? »

La plus grande prudence est de rigueur. Il s'agit dans la plupart des cas de questions de « répétition ». Vous devez donc veiller à ce que votre réponse ne contienne pas uniquement les mêmes éléments déjà cités mais que cette réponse soit complétée par de nouveaux aspects :

> "Wie ich schon ausgeführt habe, scheint mir, außer meiner fachlichen Qualifikation und meinen Fremdsprachenkenntnissen – vergessen Sie nicht, dass ich neben der französischen und deutschen Sprache auch die russische relativ gut beherrsche – meine interkulturelle Kompetenz – häufige Reisen in die verschiedenen Länder – von ausschlaggebender Bedeutung".

> Üblich ist es, am Ende des Gesprächs klare Vereinbarungen zu treffen über die weiteren Schritte. So sollte der Kandidat ohne weiteres fragen, wann er mit einer Nachricht des Unternehmens rechnen kann. In den seltensten Fällen bekommt der Bewerber sofort im Anschluss an das Gespräch eine endgültige Antwort. Sie sind nicht der einzige Kandidat, und wer mit betrieblichen Entscheidungsprozessen vertraut ist, der weiß, dass alle Entscheidungen erst nach gründlicher Rücksprache mit allen Beteiligten gefällt werden.

Ne demandez surtout pas, à la fin de l'entretien si votre prestation a été bonne, si vous pouvez compter sur une décision rapide ou prochaine, vous aurez une réponse qui équivaut à un refus : « C'était un entretien agréable, vous aurez de nos nouvelles ».

Evitez absolument une sorte de convivialité faussement décontractée. Restez digne et mesuré jusqu'à la fin. Sans avoir l'importance de la première Impression, la dernière image que vous laisserez, ne sera pas tout à fait oubliée.

Remerciez vos interlocuteurs de vous avoir donné l'occasion d'un entretien que vous avez trouvé intéressant et enrichissant.

# III - GEREZ L'APRES-ENTRETIEN

## DIE NACHBEREITUNG

### A. Utilisez votre protocole d'entretien (Gedächtnisprotokoll)

Nach dem Vorstellungsgespräch müssen Sie sich so schnell wie möglich – am besten in der nachfolgenden Stunde – an die Aufzeichnung, die Niederschrift von Notizen über das Gespräch machen. Wenn Sie aus Termingründen in Eile sind, nehmen Sie sich wenigstens die Zeit, skizzenhaft die wichtigsten Punkte aufzuschreiben; später, aber noch am selben Tag, können Sie dann eine ausgearbeitete Fassung des Protokolls anfertigen.

Ces notes vous seront d'une grande utilité dans l'analyse de votre cas, de votre comportement et de votre future stratégie. Vous aurez d'autres entretiens et, dans cette perspective, un entretien peut être considéré comme une étape de votre candidature, une sorte de test. Certes, la fin de toute la procédure est l'entretien, c'est-à-dire l'embauche. Mais le meilleur entraînement à l'entretien est l'entretien lui-même.

Schreiben Sie alles auf, was Ihnen im Gedächtnis geblieben ist und zwar unter folgenden Gesichtspunkten:

– Mit wem haben Sie gesprochen? Schreiben Sie die Namen auf. Vergleichen Sie die Daten mit den Unterlagen und Informationen, die Sie vorher zusammengetragen haben.

– Welche Fragen hat man Ihnen gestellt? Notieren Sie vor allem Fragen, die Ihnen im Verlauf des Gesprächs bedeutungsvoll erschienen.

– Welche unerwartete Fragen wurden Ihnen gestellt?

– Welche Fakten und Daten waren Ihnen unbekannt?

– Was haben Sie als Höhepunkt des Gesprächs empfunden?

– Wo und wann haben Sie Fehler gemacht? Versuchen Sie die Reaktionen Ihrer Gesprächspartner an diesen Stellen festzuhalten.

– Was wäre beim nächsten Vorstellungsgespräch besser zu machen?

Vous devez modifier votre stratégie en fonction des résultats obtenus par ce mini-questionnaire. Notez bien les réactions de vos interlocuteurs aux moments quelque peu délicats de l'entretien. Pour quelles raisons certaines questions vous ont-elles mis dans l'embarras ? Pourquoi d'autres vous ont-elles surpris ?

Un aspect est très important bien qu'il soit difficile d'en rendre compte. Il s'agit du temps de parole. Qui a parlé combien de temps, qui avait la maîtrise du discours ? Il faut éviter à tout prix d'être ou de paraître bavard. Si l'employeur potentiel a trop le monopole de la parole, ce comportement peut dénoter un certain manque de confiance en soi, des incertitudes. Après tout, l'employeur court un certain risque à engager tel ou tel candidat.

## B. Pensez à la lettre de remerciement* Der Dankesbrief

Spätestens einen Tag nach dem Vorstellungsgespräch ist es angebracht, einen Brief an das Unternehmen zu schicken, in dem Sie sich noch einmal für das Gespräch bedanken. [18]

Mehrere Gründe sprechen dafür, ein Dankschreiben an den potenziellen Arbeitgeber zu schicken:

– Sie beweisen, dass Sie gut mit Menschen umgehen können.

– Es hilft dem Arbeitgeber, sich an Sie zu erinnern.

– Es gibt Ihrem Gesprächspartner etwas in die Hand, was er anderen Entscheidern zeigen kann.

– Es gibt Ihnen die Möglichkeit, einen falschen Eindruck zu korrigieren.

Signalez à quel point vous êtes intéressé par le poste à pourvoir et soulignez votre motivation. La lettre doit être brève, une page maximum. Elle peut être manuscrite ou envoyée par fax si c'est dans un délai très court. Elle est indispensable en Allemagne.

---

18. Aux Etats-Unis et au Canada l'envoi d'une lettre de remerciement après une *interview* va de soi alors que, en Europe, les candidats omettent souvent de remercier leurs interlocuteurs ce qui n'est pas du meilleur effet.
* Indispensable en Allemagne.

Un exemple :

## MUSTER-DANKSCHREIBEN

Sehr geehrter Herr Becker,

vielen Dank für das Vorstellungsgespräch und die Ratschläge und Informationen, die Sie mir gegeben haben. Es war sehr lehrreich und hat mich in meinem Entschluss bestärkt, für Ihr Unternehmen zu arbeiten.

Es würde mir große Freude machen, beim Ausbau Ihrer Software-Abteilung meine beruflichen Erfahrungen sowie mein Engagement einzusetzen.

Ich würde mich freuen, für Ihre Firma zu arbeiten.

Mit freundlichen Grüßen

Walter Heide.

# TROISIEME

## PARTIE

UTILISEZ VOTRE BOITE A OUTILS

Boîte à outils spécifique du candidat[1]
à un emploi en espace germanophone

---

1. Rappelons que le candidat peut être un jeune diplômé ou un demandeur d'emploi avec une certaine expérience professionnelle.

CHAPITRE

**8**

# La panoplie
# des questions

Les questions que vous trouvez répertoriées ci-dessous, constituent un ensemble dont vous avez déjà vu une partie au chapitre consacré à l'Entretien. Cette liste n'est pas exhaustive, mais couvre, néanmoins, les principaux aspects de cet important exercice que représente l'entretien d'embauche.

Il faudrait considérer ces questions comme des propositions d'exercices au jeu des questions/réponses en travaillant un certain nombre de variantes.

Un autre objectif est de vous familiariser davantage avec la démarche d'un recruteur germanophone, ses approches par le questionnement des différentes phases de votre parcours et des aspects multiples de votre profil personnel.

Une manière possible de travailler ces questions en vue de l'entretien, serait d'en apprendre par cœur un certain nombre[2] avec leurs réponses adéquates.

Mais il faut se garder d'une approche trop « scolaire ». La mécanique du « appris par cœur » aurait un effet tout à fait négatif sur un recruteur professionnel.

Les questions sont classées par centres d'intérêt à l'intérieur desquels vous trouverez une structuration plus affinée.

> Das Repertoire der Fragen, mit denen bei einem Vorstellungsgespräch gerechnet werden muss, ist nahezu unerschöpflich. Sie finden nachstehend eine relativ umfangreiche Liste von Fragen, die Ihnen helfen sollen, sich für Ihr Vorstellungsgespräch gründlich vorzubereiten.
>
> Problematisch ist es, diese Fragen nebst den passenden Antworten wie ein Prüfungsstoff auswendig zu lernen: Sie könnten von einem unvorhergesehenen Gesprächsverlauf überrascht werden oder von ausgefallenen Fragen[3]. Geschulte Personalverantwortliche merken schnell, ob es sich um spontan persönliche Antworten handelt oder um nach den Empfehlungen in der Fachliteratur zurechtgelegte.

---

2. Les questions marquées d'un astérisque peuvent être traitées en priorité ; les doublets sont volontaires.
3. C'est ce qu'on appelle en anglais *to stump* – en allemand : *jemanden durch eine Frage verblüffen*. Il s'agit, en fait, de poser une question à laquelle l'autre ne s'attend pas ; on teste en quelque sorte sa présence d'esprit. Une question type serait par exemple : *Wie denken Sie über die Kernenergie?* Cette question prendra toute sa saveur dans le contexte franco-allemand.

Daraus folgt der heikle Ratschlag: Seien Sie spontan und natürlich.

Die beste Voraussetzung für ein erfolgreiches Frage-und-Antwort-Spiel ist, sich seiner selbst sicher zu sein. Dies betrifft vor allem gewisse Klippen und kritische Passagen im Werdegang.

Wichtig ist eine überzeugende Darstellung des Lebenslaufes, selbst mit Lücken.

Noch wichtiger ist es, in allen Gesprächsphasen die Motivation zum beruflichen Engagement insbesondere mit Blick auf die ausge-schriebene Stelle, glaubhaft zum Ausdruck zu bringen.

# I – LES QUESTIONS AUXQUELLES VOUS AUREZ A REPONDRE

## A. Questions portant sur le poste et le choix professionnel

Questions portant sur le poste à pourvoir et l'entreprise

* Glauben Sie, dass Sie für die Stelle überhaupt qualifiziert sind?
Haben Sie die Fachmesse zu (in) XY besucht?
Kennen Sie unseren Umsatz weltweit?
Kennen Sie unsere weiteren Standorte (Deutschland, Europa, welt-weit)?
Mit welchen Aufgaben rechnen Sie?
Nennen Sie uns doch bitte mal unsere drei namhaftesten Produkte?
Sind Ihre Fremdsprachenkenntnisse für die angestrebte Position ausreichend?
Sind Sie bereit, Überstunden zu machen?
* Warum glauben Sie, die richtige Person für diese Stelle zu sein?
* Was bringen Sie für unser Unternehmen mit?
Was erwarten Sie von einer Anstellung in unserem Unternehmen?
Was haben Sie in den letzten 3 Jahren für Ihre Weiterbildung getan?
Was hat Sie an unserer Anzeige besonders angesprochen?
*Was reizt Sie (besonders) an der angestrebten (ausgeschriebenen) Position am meisten?
Was sind die Hauptgründe Ihres Wechsels?

*Was wissen Sie über unser Unternehmen?

Was wissen Sie über die Entwicklungen in unserer Branche?

Welche Aufgaben, meinen Sie, kommen in unserer Firma auf Sie zu?

Welche fachlichen Publikationen, Branchenmagazine usw. lesen Sie regelmäßig?

Welche Gebiete interessieren Sie am meisten?

*Welche Gehaltsvorstellungen haben Sie?

Welche Positionen könnten noch interessant für Sie sein?

Welchen Nutzen können Sie einer Firma bieten (Probleme lösen, Umsatz steigern) ?

Wie gut haben Sie sich mit unseren Dienstleistungen/Produkten vertraut gemacht?

Wie haben Sie zu uns gefunden?

*Wie sind Sie auf unser Unternehmen gekommen?

Wie stellen Sie sich die Arbeit bei uns vor?

Wissen Sie, wie viele Mitarbeiter wir beschäftigen?

## Questions sur l'emploi actuel ou sur le passé professionnel récent

Auf welche beruflichen Erfolge sind Sie stolz?

In welchen Aufgabenbereichen arbeiten Sie zur Zeit?

*Können Sie Referenzen angeben?

Macht Ihnen die Arbeit Spaß?

Mit welchen Unternehmen arbeiten Sie zusammen?

Sind Sie mit Ihrer bisherigen Karriere zufrieden?

Warum glauben Sie, bei Ihrem bisherigen Arbeitgeber nicht mehr weiterzukommen?

*Warum haben Sie Ihre letzte Stelle gekündigt?

Warum haben Sie so oft gewechselt?

*Warum möchten Sie sich verändern?

Warum wollen Sie die Stelle wechseln?

Was war Ihr größter beruflicher Flop?

Was waren bislang Ihre größten beruflichen Erfolge?

Welche Aufgaben hatten Sie in der Firma XY zu erledigen und wem waren Sie unterstellt?

Welche Eigenschaften schätzt Ihr Chef an Ihnen?

* Welche Position haben Sie zur Zeit?

Welchen Posten haben sie in der derzeitigen Firma?

Welcher Stellenwechsel war für Ihre bisherige Karriere entscheidend?

Wie ist Ihre Arbeitssuche bis jetzt verlaufen?
Wie sind Sie mit Ihrem früheren Chef und Ihren Mitarbeitern ausge-
kommen?
Wie viele Mitarbeiter hat Ihre derzeitige Abteilung?
*Wie viel Berufserfahrung bringen Sie mit?
Wofür waren Sie in Ihrer letzten Stelle verantwortlich?

Questions portant sur la motivation professionnelle

Denken Sie kostenorientiert?
Denken Sie marketingorientiert?
*Gibt es Personen, mit denen Sie nur schwer zusammen arbeiten
könnten?
Hat man Ihnen woanders eine Stelle angeboten?
*Könnten Sie uns Ihren bisherigen beruflichen Werdegang kurz be-
schreiben?
*Sind Sie eher Theoretiker oder Pragmatiker?
*Warum sind Sie [Beruf] geworden?
Was ist Ihnen bei einem Arbeitsplatz besonders wichtig?
Was können Sie einer Firma bieten (Kenntnisse, Fähigkeiten, Erfah-
rung, Spezialwissen)?
*Was müsste Ihnen Ihr Arbeitgeber bieten, damit Sie bei ihm blei-
ben?
Was würden Sie bezüglich Ihrer Karriereplanung heute anders
machen?
*Welche beruflichen Karriereziele haben Sie?
Welches Gebiet interessiert Sie am meisten?
Wo haben Sie sich sonst noch beworben?
*Wo möchten Sie in fünf Jahren stehen?
Würden Sie Ihren alten Beruf wieder ergreifen?

# B. Questions portant sur la formation

Questions sur le Secondaire

*Beschreiben Sie Ihre Schulzeit!
In welchen Fächern waren Sie überdurchschnittlich gut? In welchen
schlecht?
Was waren in der Schule Ihre Lieblingsfächer und warum?

Weshalb haben Sie das Gymnasium vor dem Abitur abgebrochen und eine praktische Berufsausbildung absolviert?

## Questions sur les stages ou le travail pendant les études

*Haben Sie während Ihrer Schul- oder Studienzeit gejobbt?
*Haben Sie in den Semesterferien gearbeitet?
*Haben Sie Praktika absolviert? Bei welchen Unternehmen und in welchen Jobs?

## Questions sur les études dans le Supérieur

*Erzählen Sie ein wenig über den Verlauf Ihres Studiums!
Gab es einen Lehrer/Professor, mit dem Sie besonders gut auskamen und warum?
Gab es einen Lehrer/Professor, mit dem Sie sich besonders schlecht verstanden und warum?
Haben Sie gerne studiert?
*Warum haben Sie ...studiert?
Warum haben Sie an der Universität / Fachhochschule X studiert?
Warum haben Sie nicht promoviert? *(thèse)*
Warum haben Sie sich für Ihr Studienfach entschieden?
*Warum haben Sie gerade an dieser Hochschule studiert?
Warum haben Sie so lange studiert?
Warum haben Sie studiert und keine praktische Ausbildung gemacht?
*Weshalb haben Sie Ihr Studienfach gewechselt?
Weshalb haben Sie Ihr Studium abgebrochen?
Wie haben Sie sich auf Klausuren vorbereitet? *(partiels)*
Wie haben Sie sich für Ihr Studium entschieden?
*Wie heißt das Thema Ihrer Diplom-Arbeit? Wie kamen Sie auf dieses Thema? *(3ᵉ cycle)*
Würden Sie Ihr Fach noch einmal studieren? Was würden Sie dann anders machen?
Würden Sie gerne noch ein Studium aufnehmen?
Würden Sie wieder den gleichen Studiengang wählen?

## C. Questions portant sur le profil personnel

Questions portant sur le comportement dans l'environnement social

* Arbeiten Sie lieber allein oder lieber im Team?
Fahren Sie gern Auto?
Haben Sie ein Vorbild, und was schätzen Sie an ihm/ihr?
Lieben Sie die Menschen?
Schildern Sie Ihre drei größten Erfolge!
Schildern Sie Ihre drei größten Misserfolge!
Was interessiert Sie neben Ihrem Beruf am meisten?
Was ist «Glück» für Sie?
Was ist Ihre größte Leidenschaft?
Was sind Ihre Ziele?
Was war die wichtigste Entscheidung, die Sie bisher in Ihrem Leben treffen mussten?
Welche Eigenschaft stört Sie an anderen Menschen am meisten?
Welche Eigenschaften müsste Ihr idealer Vorgesetzter mitbringen?
* Welchen Führungsstil bevorzugen Sie?
* Wie teilen Sie sich Ihre Arbeit ein?
Wen bewundern Sie am meisten?

Questions portant sur l'auto-évaluation

*Charakterisieren Sie Ihre Grundeinstellung: Optimistisch, pessimistisch!
*Erzählen Sie doch mal etwas über sich!
Können Sie Fehler eingestehen?
*Könnten Sie sich ein wenig selbst beschreiben, sich ein wenig charakterisieren?
Können Sie sich selbst motivieren?
*Nennen Sie Ihre positiven und Ihre negativen Eigenschaften!
Sagen Sie immer offen was Sie denken?
Setzen Sie sich Ihre Ziele immer selber?
Sind Sie begeisterungsfähig?
Sind Sie eher introvertiert oder eher extrovertiert?
Sind Sie ein geselliger Typ oder eher ein Einzelgänger?
Sind Sie flexibel?
Sind Sie kommunikativ?
Sind Sie neugierig und an Neuem interessiert?

*Sind Sie teamfähig? Was verstehen Sie unter Teamarbeit?
Übernehmen Sie gern Verantwortung? Geben Sie ein Beispiel!
Vermeiden Sie Streit und Konflikt?
*Was ist eine echte Stärke von Ihnen, und wo haben Sie diese schon einmal unter Beweis gestellt?
*Was sind Ihre Stärken und Schwächen?
Was würden Ihre Freunde sagen, wenn wir sie nach Ihren Schwächen befragten?
Wie gehen Sie mit Konflikten um?
Wie würden Ihre Freunde Ihre Stärken beschreiben?
Wie würden Sie sich selber beschreiben?
Womit sind Sie an sich selbst noch nicht zufrieden?
Worauf sind Sie in Ihrem bisherigen Leben so richtig stolz?
*Würden Sie sich eher als eine Verkäuferpersönlichkeit oder als einen Wissenschaftlertypus einstufen?

## D. Questions portant sur l'environnement familial et social

L'activité sociale

*Gibt es Bereiche, in denen Sie sich besonders engagieren?
Haben Sie ein Auto?
In welchem Alter wurden Sie finanziell unabhängig?
*Sind Sie gesellschaftlich und politisch tätig?
Sind Sie Mitglied in einem Verein?

Les loisirs

Haben Sie Hobbys?
Treiben Sie Sport?
*Was machen Sie am liebsten in Ihrer Freizeit?

L'environnement familial

Haben Sie Kinder?
*Hätten Sie gerne eine Familie?
Leben Ihre Eltern noch?
Leben Sie allein oder mit einem Partner?
Sind Ihre Eltern berufstätig?

Sind Sie verheiratet?
Was denkt Ihr Lebenspartner über Ihren Beruf?
Was genau machen Ihre Eltern beruflich?
Welchen Beruf üb(t)en Ihre Eltern aus?
Welchen Beruf übt Ihr Partner aus?
Wie alt sind Ihre Kinder?
Wie lange lebten Sie zu Hause?
Wie viele Geschwister haben Sie?
Woran liegt es, dass Sie so häufig umgezogen sind?

*L'attitude des proches quant au projet professionnel du candidat*

Hat Ihr Partner ebenfalls vor, in unserem Land zu arbeiten?
Ist Ihre Familie mit dem Umzug (ins Ausland) einverstanden?
Ist Ihr/Ihre Partner(in) über Ihre Pläne informiert?
*Ist Ihre Umgebung einverstanden mit Ihrem Auslandsjob?
*Steht Ihr Partner hinter Ihrer Berufsentscheidung?
Unterstützt Sie Ihr Partner bei Ihrem beruflichen Vorhaben?
Wird Ihre Familie mit ins Ausland gehen?

# E. Questions en principe non admises [4]

Il y a des questions que l'employeur potentiel n'a pas le droit de poser ; certains recruteurs le font quand même, de façon plus ou moins indirecte. Sachez que vous n'êtes pas obligé d'y répondre. Le refus catégorique n'est pas toujours la bonne méthode : vous avez le droit de mentir ! On ne pourra vous en tenir rigueur par la suite.

## UNZULÄSSIGE FRAGEN

Der potenzielle Arbeitgeber darf in einem Vorstellungsgespräch nur arbeitsbezogene Fragen stellen, d.h. solche, die mit der betreffenden Stelle in Zusammenhang stehen. Zu den folgenden Themen sind Fragen unzulässig: Sie brauchen sie <u>nicht</u> oder nicht <u>wahrheitsgemäß</u> zu beantworten:

---

4. Qu'il nous soit permis de rappeler ici le règlement en milieu anglo-saxon : *A potential employer has **no legal right** to request information about age, sex, race, religion, marital status, health, physical appearance, or personal habits.*

→ Familienplanung, Schwangerschaft, Heirat
→ Beruf des Partners
→ Engagement in einer Partei oder Gewerkschaft
→ Religionszugehörigkeit
→ frühere Krankheiten
→ Freizeitgestaltung
→ private Vermögensverhältnisse
→ momentanes Gehalt
→ Vorstrafen im allgemeinen
→ politische Meinung

*Questions concernant la santé*

## FRAGEN ZUR GESUNDHEIT

Dürfen Sie irgendwelche Tätigkeiten nicht ausüben?
Sind Sie gesund?
Haben Sie manchmal seelische Probleme, etwa Ängste oder Depressionen?
Sind Sie mit einer ärztlichen Untersuchung vor der Einstellung einverstanden?
Leiden Sie unter einer chronischen Krankheit?
Sind Sie schwanger?
Sind Sie behindert?
Sind Sie tropentauglich?
Welche schweren Krankheiten, Operationen, Unfälle hatten Sie?

*Questions concernant d'éventuels conflits avec la loi*

## FRAGEN NACH VORSTRAFEN

Haben Sie schon einmal einen schweren Verkehrsunfall verursacht?
Sind Sie schon einmal mit dem Gesetz in Konflikt geraten?
Sind Sie schon einmal verhaftet worden?
Wurde Ihnen schon einmal der Führerschein entzogen?
Würden Sie uns ein polizeiliches Führungszeugnis vorlegen?

# II – LES QUESTIONS QUE VOUS POURREZ POSER

## A. Questions portant sur l'entreprise et le poste à pourvoir

Pourquoi y a-t-il un poste à pourvoir ?

*Warum ist der Vorgänger gegangen?
*Warum ist die ausgeschriebene Stelle freigeworden?
Welche Qualifikation hatte mein Vorgänger?
*Wird die Stelle, die ich übernehme, neu geschaffen?
*Wurde die ausgeschriebene Position neu geschaffen?

Questions portant sur le poste

Gibt es eine Bezugsperson im Betrieb, an die ich mich bei Fragen wenden kann?
In welchem Alter werden meine Kollegen sein?
*Könnte ich ein Stellenanforderungsprofil bekommen?
*Mit welchen Aufgaben werde ich betraut sein?
Möchten Sie mich mehr im Innendienst oder auch im Außendienst einsetzen?
Was sollte ich tun, um mich möglichst schnell in der neuen Abteilung zu integrieren?
Welche Aufgaben und Tätigkeiten werden auf mich zukommen?
Welche Aufgabenschwerpunkte wird mein neuer Arbeitsplatz haben?
Welche Entscheidungskompetenzen werde ich haben?
*Welche Entwicklungsmöglichkeiten habe ich?
Welche Schwerpunkte hat der Bereich?
*Welche Verantwortung ist mit der Stelle verbunden?
Wer wird mein Vorgesetzter sein und werde ich ihn vor Arbeitsbeginn kennenlernen?
Wie groß ist das Team?
*Wie lange dauert die Probezeit?
Wie sieht das künftige Aufgabengebiet aus?
Wie sieht mein Arbeitsbereich aus?
Wie sind die Aufgaben im Team verteilt?
*Wie verhalte ich mich als Ausländer am besten gegenüber meinen neuen Kollegen?

*Wie werde ich eingearbeitet?
Wird mich der bisherige Stelleninhaber einarbeiten?
Wo wäre ich hierarchisch angesiedelt, wem wäre ich zugeordnet?
 *Würde mir Ihr Unternehmen im Fall einer Einstellung einen Sprachintensivkurs bezahlen?

## Questions portant sur l'entreprise

Gibt es eine gleitende Arbeitszeit?
*Ist die Arbeitszeit fest geregelt oder wird sie flexibel gestaltet?
Sind die einzelnen Zuständigkeiten geregelt?
*Sind mit der Position Aufstiegschancen -möglichkeiten verbunden?
Sind Sie mit der derzeitigen Auftragslage zufrieden?
*Welche Aufstiegsmöglichkeiten habe ich?
Welche Bedeutung hat es international?
Welche Erfahrungen haben Sie mit ausländischen Mitarbeitern bisher?
*Welche Veränderungen und Neuerungen in Ihrer Produkt- und Dienstleistungspalette planen Sie?
Welche Weiterbildungsangebote ermöglicht das Unternehmen?
*Welcher Führungsstil wird praktiziert?
*Welches Beschaffungs-/Verwaltungs-/Marketing-/Vertriebskonzept haben Sie?
Wem gehört das Unternehmen?
Werden Sie Ihr bisheriges Angebotsprogramm beibehalten, ausbauen oder verändern?
Wie groß ist das Unternehmen?
Wie haben sich Umsatz und Gewinn in den letzten Jahren entwickelt?
Wie hoch ist der jährliche Umsatz?
*Wie ist die Arbeitszeit geregelt?
*Wie sieht das Organigramm des Unternehmens aus?
Wie sieht die Zielgruppe des Unternehmens aus, wer sind die Neukunden?
Wie viele Mitarbeiter beschäftigen Sie?
*Wird die Arbeit eher von jedem Mitarbeiter einzeln oder in Gruppen erledigt?

## B. Questions pour conclure le premier entretien

*Bis wann kann ich mit Ihrer Antwort rechnen?
Die Position bedeutet für mich eine große Chance, die ich unbedingt
ergreifen möchte.
*Haben Sie noch irgendwelche Fragen an mich?
Ich danke Ihnen für das Gespräch.

## C. Questions pour les deuxième et troisième entretiens

Les questions portant sur le contrat de travail, les rémunérations ; les prestations sociales propres a l'entreprise seront traitées lors d'un second ou troisième entretien.

Fragen nach dem Arbeitsvertrag, nach dem Gehalt, nach den frei-
willigen Sozialleistungen des Arbeitgebers gehören in ein zweites
Gespräch.

Bezahlt Ihr Unternehmen Weihnachtsgeld?
Gibt es bestimmte Zusatzversicherungen?
*Gibt es eine betriebliche Altersversorgung?
Gibt es Essenszuschläge?
Gibt es Fahrtkostenzuschläge?
Gibt es Urlaubsgeld?
Ist für die Position auch an die Bereitstellung eines Dienstwagens
gedacht?
Könnte ich den Arbeitsvertrag vor der Unterzeichnung zu Hause in
Ruhe durchlesen?
Könnte ich noch eine Woche Bedenkzeit haben, bevor ich Ihnen ver-
bindlich zusage?
Könnte ich noch einen Tag Bedenkzeit haben?
*Wäre der Arbeitsvertrag befristet?
Wäre es möglich, mir das Werk oder eine Fertigungshalle zu zei-
gen?
*Wären Sie so freundlich, mir meinen eventuellen künftigen
Arbeitsplatz zu zeigen?
*Welche Papiere muss ich am ersten Arbeitstag mitbringen?
Welche Punkte eines Arbeitsvertrags sind für Ihr Unternehmen
besonders wichtig?
*Welche sozialen Leistungen bietet das Unternehmen?
*Welcher Gehaltsrahmen ist für die ausgeschriebene Position vor-
gesehen?

Wie ist der Urlaub geregelt?
Würden Sie mir bei der Suche nach einer Unterkunft behilflich sein?
Würden wir ein Arbeitsverhältnis auf Probe vereinbaren?
Würden wir ein Vollzeitarbeitsverhältnis abschließen?

# La correspondance des diplômes français et allemands

*Comment expliquer aux Allemands
la correspondance de vos diplômes
avec les diplômes allemands*

# L'ENSEIGNEMENT SUPERIEUR FRANÇAIS : SES CURSUS, FILIERES ET DIPLOMES AVEC LEURS CORRESPONDANCES ALLEMANDES APPROXIMATIVES

Im Verlaufe des Bewerbungsvorgangs kommen immer wieder Ihre Ausbildung, Ihre Abschlüsse und Ihre Zeugnisse / Diplome zur Sprache: im Lebenslauf natürlich, aber auch während des Vorstellungsgesprächs. Es scheint zweckmäßig, im Lebenslauf neben die einzelnen Abschlüsse in Klammern die deutschen Entsprechungen zu setzen. Sie haben jedoch kaum Raum, Erklärungen oder Kommentare hinzuzufügen.

Das könnte aber im Vorstellungsgespräch der Fall sein. Der deutsche Personalberater kennt nicht unbedingt alle Einzelheiten und Zusammenhänge der französischen Studiengänge und Abschlüsse, er braucht einige Orientierungshilfen, um zu einer besseren Einschätzung Ihres Ausbildungsweges zu kommen. Er könnte Ihnen also diesbezüglich einige Fragen stellen. Um ein Beispiel zu nennen:

*DER PERSONALBERATER:* "Hier steht als Abschluss DUT: « Diplôme Universitaire de Technologie », in Klammern: «Fachhochschulabschluss», könnten Sie mir das näher erklären?"
Oder: "Was bedeutet « bac + 4 » ? "
Hier sind Sie gefragt und Sie müssen eine kompetente Erklärung liefern.

**Les différents types de formations dans les domaines scientifiques et techniques** (les autres domaines, par exemple Droit, Economie, Sciences Humaines... n'en diffèrent pas radicalement quant à leurs structurations.)

**• Les formations techniques supérieures courtes :**

Il existe deux grands types de formations supérieures techniques courtes (en 2 ou 3 ans) :

◆ Les Instituts Universitaires de Technologie **(IUT)** qui sont des structures autonomes internes aux universités et qui aboutissent au **Diplôme Universitaire de Technologie (DUT)** ;

◆ les Sections de Techniciens Supérieurs **(STS)** qui se déroulent dans les lycées et qui aboutissent au **Brevet de Technicien Supérieur (BTS)**.

Ces formations se déroulent en deux années à partir du bac-calauréat. Ce sont des formations courtes à caractère technologique affirmé dont la vocation est de conduire à des débouchés professionnels.

Elles peuvent se prolonger par un **Diplôme National de Technologie Spécialisé (DNTS)** qui sanctionne une année de spécialisation ultérieure dans un secteur particulier.

• **L'Université : cursus scientifiques et techniques**

Les **cursus universitaires scientifiques** se divisent en trois cycles :

◆ **premier cycle** (deux ans) : aboutit au **Diplôme d'Etudes Universitaires Générales (DEUG)** [en principe, ce diplôme n'est pas un diplôme à finalité professionnelle, mais un point de départ, une étape vers le second cycle]

◆ **second cycle** (deux ans), sanctionné :

– la première année par la **Licence** (diplôme de niveau bac+3), 1 an d'études.
Ce diplôme est un diplôme intermédiaire : il permet d'accéder à la Maîtrise. Il permet aussi l'accès à certaines grandes écoles (écoles d'ingénieurs, instituts d'études politiques...) et ouvre la voie aux métiers de la fonction publique et de l'enseignement.
– la seconde année par la **Maîtrise** (diplôme de niveau bac+4), 1 an d'études après la Licence.
L'étudiant réalise un travail d'études et de recherche avec présentation d'un mémoire. La Maîtrise permet de s'insérer directement sur le marché du travail. De nombreux étudiants poursuivent leurs études : troisième cycle universitaire, école de commerce ou d'ingénieurs ...

◆ **troisième cycle** (trois à cinq ans) : sanctionné la première année par le **Diplôme d'Etudes Approfondies** (**DEA**, débouchant sur la recherche). Ce diplôme est la voie indispensable pour s'inscrire en thèse et préparer un doctorat, mais il est aussi recherché par les étudiants désireux d'atteindre un niveau bac+5 avant de frapper aux portes des entreprises.

Ce troisième cycle conduit ensuite en deux à quatre ans à un diplôme sanctionnant un travail en recherche fondamentale : le **Doctorat**.

D'autres diplômes, plus techniques, en parallèle des précédents, sont délivrés par l'Université :

– au niveau bac + 2 : **Diplôme d'Etudes Universitaires de Sciences et Techniques (DEUST)** et le **Diplôme Universitaire (DU)**

– au niveau bac + 4 : les **Maîtrises de Sciences et Techniques (MST)** ; les **Maîtrises d'Informatique Appliquées à la Gestion des Entreprises (MIAGE)** qui se déroulent en deux années à partir d'un bac + 2 et les **Instituts Universitaires Professionnalisés (IUP)** qui se déroulent en trois années à partir d'un bac + 1.

– au niveau bac + 5 : les **Magistères** qui se déroulent en trois années à partir d'un bac + 2 et les **Diplômes d'Etudes Supérieures Spécialisées (DESS)** qui se déroulent en une année à partir d'un bac + 4. Le DESS est un diplôme à finalité professionnelle.

– au niveau bac + 6 : le **Diplôme de Recherche Technologique (DRT)** [accessible aux sortants d'IUP ainsi qu'aux élèves ingénieurs en dernière année de formation] sanctionne des travaux de recherche technologique/appliquée en relation étroite avec une entreprise.

Le **Diplôme d'Ingénieur** est un diplôme de niveau bac + 5.

Le modèle classique est celui d'un cursus en deux étapes :

1) deux années de **Classes Préparatoires aux Grandes Ecoles Scientifiques (CPGES)**.
Les classes préparatoires se déroulent dans les lycées et préparent les élèves à passer les épreuves des concours d'entrée dans les Grandes Ecoles Scientifiques.

2) trois années de formation technique supérieure dans les Ecoles.

### Les filières spécifiques

Les filières spécifiques constituent l'originalité du système éducatif français ; on les appelle souvent **Grandes Ecoles**. Elles sont destinées à la formation de cadres et de dirigeants. On peut rejoindre ces écoles à différents niveaux. La durée des études (de 1 à 3 ans) est fonction du niveau auquel le cursus est rejoint.

Les écoles des filières spécifiques abordent 3 champs de compétence :

◆ Le commerce et la gestion

◆ Les sciences de l'ingénieur

◆ Les sciences politiques

⇨ Les écoles de commerce et de gestion

Plus de 100 écoles de commerce forment des gestionnaires, des financiers et des commerciaux de haut niveau.

Généralistes au départ, les cursus débouchent souvent sur une spécialisation : audit, finance, marketing, commerce international, ressources humaines, comptabilité... Ces formations prévoient toujours des stages en entreprises.

⇨ Les écoles d'ingénieurs

Environ 250 écoles d'ingénieurs (dont certaines sont implantées dans les universités) proposent une formation homologuée par une commission nationale. Il existe des écoles généralistes (Polytechnique, Centrale, Mines) et des écoles proposant des cursus plus spécialisés dans une discipline spécifique (aéronautique, agronomie, électronique...). Des stages en entreprises sont presque toujours intégrés aux cursus proposés.

⇨ Sciences politiques : les instituts d'études politiques
  (IEP)

Il existe 9 IEP (souvent appelés « Sciences Po »), Aix-en-Provence, Bordeaux, Grenoble, Lille, Lyon, Paris, Rennes, Strasbourg et Toulouse.

Les études durent normalement 3 ans : une première année d'enseignement général, suivie par deux années de spécialisation dans le cadre d'une des 4 sections proposées :

– service public
– économie et finance
– communication et ressources humaines
– relations internationales

Les quatre « Grandes Ecoles » classiques de Paris : Hautes Etudes Commerciales (HEC), Ecole Normale d'Administration (ENA), Ecole Normale Supérieure (ENS) et Ecole Polytechnique (X).

Im Folgenden sei eine kursorische Darstellung der in Frankreich üblichen Studiengänge und Abschlüsse gegeben.

Im technischen Studienbereich kann der Studierende ein Kurzzeitstudium (2 bis 3 Jahre) [1] absolvieren.

Entweder in zwei Studienjahren auf einer höheren Schule mit dem Abschluss eines Diplom-Technikers (BTS);

oder an einer der zahlreichen Fachhochschulen (IUT), die, obwohl den Universitäten eingegliedert, eigenständig funktionieren. Der Abschluss ist das DUT, das Technologie Hochschul-Diplom.

Diese Studiengänge schließen sich unmittelbar an die Reifeprüfung (Abitur = baccalauréat oder einfach « bac ») an und ermöglichen den Einstieg ins Berufsleben.

---

1. Rappelons que l'année universitaire en France commence en septembre et se termine en juin.

Die universitären Studiengänge gliedern sich in drei Stufen:

* die erste Stufe [2] (2 Studienjahre) mit dem Abschluss eines Allgemeinen Hochschuldiploms (DEUG). Dieses Hochschulzeugnis – man kann es mit dem Vordiplom an einer deutschen Uni vergleichen – ist nicht praxisbezogen, führt normalerweise nicht zu einem Berufseinstieg, berechtigt aber zur Fortsetzung des Studiums auf der

* zweiten Stufe (2 Studienjahre); der Abschluss nach dem ersten Jahr ist die « licence » (bac + 3). Dieser Abschluss ermöglicht einerseits den Einstieg in bestimmte « grandes écoles » und andererseits ins Lehramt.

Nach dem zweiten Jahr erwirbt der Studierende das Diplom der «maîtrise» (bac + 4), wobei er eine Diplomarbeit vorzuweisen hat. Dieser Abschluss ermöglicht den direkten Einstieg ins Erwerbsleben.

* Die dritte Stufe (3 bis 5 Jahre) führt letztendlich zu Dissertation und Doktortitel. Der Abschluss nach dem ersten Jahr ist das DEA, ein Spezialdiplom, das die Voraussetzung bildet für den Erwerb des Doktortitels.

Ein hoch bewerteter universitärer Abschluss ist das DESS (bac+5), ein Fachdiplom mit unmittelbarem Berufseinstieg.

Eine Besonderheit des französischen Ausbildungssystems stellen die « grandes écoles » dar, auch Eliteschulen oder Kaderschmieden genannt.

Die Studiendauer beträgt 1 bis 3 Jahre, je nach dem Zeitpunkt des Einstiegs.

Drei Studien- und Fachbereiche sind zu unterscheiden:
– Handel & Betriebswirtschaft
– Ingenieurwesen
– Politikwissenschaften.

Die 4 bekanntesten klassischen «grandes écoles» mit ursprünglichem Standort Paris sind:

– die Ecole Normale Supérieure (ENS)
      Ausbildung von Geistes- und Naturwissenschaftlern

---

2. *Entspricht in etwa einem «Grundstudium».*

– die Ecole Normale d'Administration (ENA)
        Ausbildung des Verwaltungsnachwuchses; Studium der
        Sozial– und Politikwissenschaften

– die Ecole Polytechnique
        Ausbildung von Ingenieuren

– die Hautes Etudes Commerciales (HEC)
        Ausbildung von Wirtschaftswissenschaftlern

Eine weitere renommierte Einrichtung des französischen Ausbildungs-systems bilden die IEP die « instituts d'études politiques », Hochschulen für Poltikwissenschaft, auch « Sciences Po » genannt. Es gibt neun Anstalten dieser Art in ganz Frankreich.

Die gewöhnliche Studiendauer beträgt 3 Jahre: Ein Studienjahr allgemeinbildender Art, gefolgt von zwei Jahren Fachunterricht in einem der angebotenen Studienbereiche:

– Öffentlicher Dienst;
– Wirtschaft und Finanzen;
– Kommunikation und Personalverwaltung
– Internationale Beziehungen.

Zu nennen wären noch die Ingenieurschulen, von denen einige internationalen Ruf besitzen. So z.B. «Centrale» oder «Mines» (Studiengänge allgemeinbildender Art) und andere mit spezifischen Fachausrichtungen (Luftfahrt, Landwirtschaft, Elektronik ...).

Abschließend bliebe noch zu sagen, dass die Studiengänge der meisten Hochschulen stark praxisbezogen sind, was natürlich für die ESC, die Handelshochschulen eine Selbstverständlichkeit ist.

# En guise
# de conclusion

## PETIT MEMENTO
## DE LA PROCEDURE DE CANDIDATURE

### CHECKLISTE ZUM BEWERBUNGSVERFAHREN

1 – La recherche d'emploi, poser sa candidature constituent un travail à plein temps.

> Stellensuche und Bewerbung sind ein «full time» Job.

2 – Il faut une stratégie de marketing.

> Sie sind Ihr eigener Produktmanager und treiben Marketing in eigener Sache.

3 – Il n'est pas si facile de se connaître soi-même, de savoir ce que l'on peut et ce que l'on veut.

> Es ist nicht sehr leicht, zu wissen, wer man ist, was man kann und was man will; aber für Ihre Bewerbung ist es von großer Bedeutung.

4 – Ne partez pas en solitaire ; faites appel à toutes vos connaissances.

> Suchen Sie Unterstützung in Ihrem Bekanntenkreis und handeln Sie nicht alleine.

5 – Vous devez savoir exactement ce que vous voulez faire passer sur vous-même et sur votre objectif par votre dossier de candidature.

> Sie müssen wissen, was Sie über sich und über Ihr berufliches Ziel rüberbringen wollen. Ihre Unterlagen müssen in dieser Hinsicht eindeutig Auskunft geben.

6 – Recueillez le plus d'informations possibles sur l'employeur potentiel.

> Recherchieren Sie so viel Informationen wie möglich über den potenziellen Arbeitgeber.

7 – Un dossier mal ficelé, comportant des fautes et des erreurs est rédhibitoire.

> Fehlerhafte schriftliche Unterlagen können ein Grund sein, nicht zum Vorstellungsgespräch eingeladen zu werden.

8 – Le papier dojt être sans reproche, normé ; traitement de texte, imprimante laser.

> Für Lebenslauf und Anschreiben nur gutes, weißes, nicht liniertes DIN-A4-Papier, nur einseitig beschrieben. Benutzen Sie einen PC mit gutem Drucker (Laser – oder Tintenstrahl).

9 – Pour la Lettre, il n'y aura pas de ratures, de corrections ; en cas d'erreur, vous recommencerez. Manuscrite seulement lorsqu'on vous le demande expressément. La signature doit être lisible.

> Ihr Schreiben darf keine Korrekturen aufweisen (radieren, durchstreichen); im Falle eines Fehlers neu schreiben. Handschriftlich nur, wenn ausdrücklich verlangt; leserliche Unterschrift.

10 – L'orthographe – que ce soit la nouvelle ou l'ancienne – devra être absolument sans faute.

> Rechtschreibung und Zeichensetzung – ob alt oder neu – müssen korrekt sein.

11 – Structurez la présentation (les paragraphes) ; respectez les marges (environ 4 cm à gauche, 3 cm à droite).

> Achten Sie auf eine übersichtliche Gliederung (Absätze) und ange-
> messene Ränder (ca. 4 cm links, ca. 3 cm rechts).

12 – La Lettre de motivation doit être posée sur les documents du dossier et non insérée.

> Das Anschreiben nur lose oben auf die Bewerbungsmappe legen.

13 – La photo doit être bonne et parlante.

> Ein gutes Foto sagt mehr als tausend Worte.

14 – Il est impératif de faire des photocopies de tous les documents que vous envoyez ; numérotez et datez-les avant de les archiver.

> Machen Sie unbedingt Fotokopien von allen Unterlagen, die Sie ver-
> schicken.

15 – Envoi postal normal; envoi express exceptionellement. Jamais en recommandé avec AR.

> Normale postalische Versandart, in Ausnahmefällen nur Express;
> auf keinen Fall per Einschreiben-Rückschein.

16 – La recherche d'emploi électronique/en ligne qui doit être considérée, à l'heure actuelle, comme une démarche complémentaire à la candidature conventionnelle sur papier, est utilisée :

– pour une recherche d'informations sur l'employeur potentiel ;
– pour chercher des offres et annonces dans les périodiques ;
– pour consulter les pages d'accueil des entreprises ;
– pour consulter les bourses d'emploi ou les sites de recrutement ;
– pour envoyer des e-mails ;
– pour créer sa propre homepage.

Das Internet kann bei Ihrer Bewerbung in folgenden Fällen einge-
setzt werden:
– Informationen über den potenziellen Arbeitgeber suchen;
– Stellenangbote der Zeitungen ausfindig machen;
– Stellenangebote auf den Homepages der Unternehmen prüfen;
– Stellenbörsen und -märkte suchen;
– E-Mails verschicken;
– Eine eigene Homepage im Netz erstellen.

17 – Travaillez votre auto-présentation, la présentation de votre candidature ; travaillez-la comme un acteur pourrait le faire.

Arbeiten Sie an Ihrer Selbstdarstellung; üben Sie, üben, üben, üben:
Wie ein Schauspieler seine Rolle übt.

18 – Vous connaissez les questions qui vont être posées au cours de l'entretien. Travaillez les réponses et les différentes manières de les présenter.

Die Fragen des Vorstellungsgesprächs stehen mehr oder weniger fest. Denken Sie über die Antworten nach und über die Art sie zu präsentieren.

19 – Adaptez votre présentation à votre interlocuteur éventuel (employeur, responsable RH, consultant, recruteur ...).

Passen Sie Ihre Selbstdarstellung Ihrem jeweiligen Gegenüber an.

20 – C'est votre personnalité qui est en jeu/en cause au cours de l'entretien ; c'est une question de chimie, d'atomes cro-chus. Et, si curieux que cela puisse paraître, la motivation et la compétence se trouvent un peu en retrait.

Im Vorstellungsgespräch geht es vor allem um Ihre Persönlichkeit; es kommt darauf an, wie sympathisch Sie wirken.

21 – N'oubliez pas : vous n'êtes pas dans le rôle d'un qué-mandeur et le déroulement de l'entretien dépend en grande partie aussi de vous.

Sie bestimmen auch weitgehend den Gesprächsverlauf mit.

22 – La loi définit assez bien le caractère inadmissible de certaines questions ; vous avez le droit de mentir si vous y répondez, vous ne serez passible d'aucune sanction ultérieure.

> Das Persönlichkeitsrecht setzt dem Fragerecht des Arbeitgebers Grenzen. Sollte er es überschreiten, haben Sie das Recht ungestraft zu lügen.

23 – Ne parlez jamais en mal de vos anciens supérieurs, collègues ou conditions de travail. Ne rendez jamais responsable les autres de vos éventuels revers ou déconvenues.

> Sprechen Sie nie negativ über ehemalige Vorgesetzte, Kollegen oder Arbeitsplatzbedingungen.

24 – Quelques conseils pour le jeu des questions et réponses au cours de l'entretien.

> Elf Verhaltensregeln für das «Frage-und-Antwort-Spiel».

– Ecoutez attentivement et concentrez-vous.
– Soutenez le regard de votre interlocuteur (eye-contact).
– Observez tout ; comme vous êtes en quelque sorte sur une scène, tout peut avoir une signification.
– Ne répondez jamais du « tac au tac » ; réfléchissez avant de répondre ou faites semblant.
– N'hésitez pas à faire reposer une question, à demander un complément d'information.
– Ne monopolisez pas la parole, ne parlez pas d'abondance, le trop est l'ennemi du bien.
– Ne coupez jamais la parole de votre interlocuteur.
– Soutenez les pauses au cours de l'entretien, les silences qui peuvent être très parlants.
– Restez toujours un peu en retrait, quelque peu réservé ce qui signifie nullement effacé.
– Cette dernière attitude vous permettra de maîtriser et votre gestuelle et mimique et vos émotions et réactions spontanées.

> – Hören Sie aufmerksam zu und konzentrieren Sie sich.
> – Halten Sie Blickkontakt.

– Beobachten Sie genau.
– Antworten Sie nie zu schnell, selbst, wenn Sie sicher sind. Über-
legen Sie vorher oder tun Sie so als ob.
– Zögern Sie nicht nachzufragen.
– Reden Sie lieber etwas weniger als zu viel.
– Lassen Sie Ihren Gesprächspartner aussprechen.
– Stehen Sie Gesprächspausen durch.
– Seien Sie eher zurückhaltend so können Sie besser Gestik, Mimik
und Ihre Gefühle unter Kontrolle halten.
– Seien Sie bewusst spontan.

L'épineuse question des prétentions doit être traitée avec pro-
fessionnalisme, que ce soit en tant que jeune diplômé ou cadre
avec une expérience professionnelle. Vous devez vous renseigner sur les rémunérations pratiquées dans telle ou telle
branche et dans les différentes catégories socio-profession-
nelles. Lorsqu'on vous pose la question, indiquez une four-
chette. Vous ne devez en aucun cas vous sous-évaluer.

En général, les salaires en France sont légèrement inférieurs
à ceux pratiqués en pays germanophones. Mais attention ce
n'est pas toujours le cas. Là encore, il fait prendre des informations de source sûre.

Bereiten Sie sich gründlich auf die Gehaltsverhandlung vor. Sie sollten sich über die jeweilig aktuellen Tarifgehälter und Sonderleistun-
gen genau informieren. Die so genannten Zusatzleistungen sind
genau so auszuhandeln wie das Gehalt selbst.

# N.B.

L'utilisation du téléphone au cours de la procédure de candidature est à conseiller seulement si vous possédez bien la
langue, surtout lorsqu'il s'agit d'une discussion quelque peu
prolongée. Le contact téléphonique relève d'une technique
bien particulière et demande un apprentissage approfondi.

Zum Gebrauch des Telefons ist in Ihrem Fall nur zu raten, wenn Sie
die deutsche Sprache sehr gut beherrschen. Sein Einsatz kann zwar
in manchen Situationen sehr hilfreich sein, aber es braucht viel

Übung und eine gezielte Technik, um zum Ziel zu kommen. Außerdem sei daran erinnert, dass Telefonieren hier zur interkulturellen Kommunikation gehört und ob Sie die entsprechende interkulturelle Kompetenz besitzen, müssen Sie sich vorher genau überlegen.

# ANNEXES

**Annexe 1**        Les principaux journaux de la presse
germanophone

**Annexe 2**        Quelques exemples pour apprendre
à décrypter les offres d'emploi

**Annexe 3**        Les verbes actifs à utiliser
dans la lettre de candidature
et au cours de l'entretien

**Annexe 4**        Glossaire trilingue de la recherche
d'emploi

**Annexe 5**        Lexique trilingue de l'Internet

**Annexe 6**        La Nouvelle Orthographe

# ANNEXE 1 – LES PRINCIPAUX JOURNAUX DE LA PRESSE GERMANOPHONE

**YAHOO!** DEUTSCHLAND

Neu in Yahoo! - E-Mail - Web-Site vorschlagen - Hilfe

Yahoo! > Nachrichten und Medien >

**Zeitungen**

## DEUTSCHLAND

- Alsdorf-Aktuell NEU! - Online-Zeitung mit aktuellen Nachrichten, Terminen und Kleinanzeigen aus der Region.
- Badisches Tagblatt NEU! - Tageszeitung für den Raum Mittelbaden.
- Celler Blickpunkt online NEU! - monatlich erscheinende Zeitschrift für Celle Stadt und Land.
- Herald Post NEU! - ist eine lokale Zeitung für U.S.-Streitkräfte im Rhein-Neckar-Gebiet.
- Iserlohner Kreisanzeiger NEU! - Regionale Zeitung für den Bereich Iserlohn, Hemer, Letmathe.
- Katholische SonntagsZeitung NEU! - Wochenzeitung für Schwaben und Oberbayern.
- Kraichgau-Magazin NEU! - Neuigkeiten und Veranstaltungen in der Region zwischen Heidelberg und Heilbronn; mit Branchenbuch.
- Münsterländische Volkszeitung NEU! - Regionalnachrichten von der Gegend um Rheine.

- Bild online ☞ - Artikel, Spiele und viele Links bei freiem Zugang.

- Aachener Nachrichten - bietet in erster Linie Lokales und Regionales.
- Abendzeitung , Die - bietet Nachrichten aus den Bereichen Politik, Sport, Wissenschaft und Unterhaltung.
- Aller-Zeitung - mit regionalem Veranstaltungskalender und Kleinanzeigen.
- Allgäuer Zeitung - umfasst darüber hinaus das Onlineangebot der Heimatzeitungen.
- Allgemeine Zeitung Mainz
- Altenburger Anzeiger - Onlineausgabe der Tageszeitung mit Veranstaltungstips.
- Anzeiger für Harlingerland - Lokalnachrichten aus Friesland.
- Athener Zeitung - deutschsprachige Wochenzeitung Griechenlands.
- **Augsburger Allgemeine Online@**
- Backnanger Kreiszeitung - lokale, nationale und internationale Nachrichten.
- Badische Zeitung, Freiburg
- Bayerische Rundschau, Kulmbach - unter anderem mit Marktplatz, Terminkalender und Chat für die Region um Kulmbach.
- Berliner Abendblatt
- **Berliner Morgenpost@**
- **Berliner Zeitung@**
- Berner Zeitung Online - täglich aktualisierte Online-Ausgabe.
- Bezirksjournal Berlin - mit Einzel-Ausgaben für die verschiedenen Stadtbezirke.
- Billerbeker Anzeiger, Coesfeld
- Bleckeder Zeitung - ist die Heimatzeitung der Gemeinde Bleckede und des Landkreises Lüneburg.

- Bocholter-Borkener Volksblatt - mit Regionalnachrichten, Info-Center und Terminkalender.
- Bonner General-Anzeiger
- Borbecker Nachrichten - Lokalzeitung für den Raum Borbeck.
- Borkener Zeitung - mit Archiv, Chat und Kleinanzeigenmarkt.
- Bremer Nachrichten
- Brunsbütteler Rundschau
- Buersche Zeitung, Gelsenkirchen
- Chamer Zeitung
- Costa del Sol Nachrichten - deutschsprachige Wochenzeitung für den Süden Spaniens.
- Costablanca Nachrichten - Wochenzeitung.
- Cuxhavener Nachrichten - Aktuelles aus den Redaktionen der Cuxhavener Nachrichten, des Cuxhaven-Journals und der Wochenzeitung Cuxhaven Kurier.
- Darmstädter Echo - Nachrichten speziell auch aus Südhessen, Veranstaltungskalender, Kleinanzeigenmarkt und mehr.
- Deister-Leine-Zeitung, Barsinghausen - unter anderem mit Lokalnachrichten und Fahrplanauskunft.
- Delmenhorster Kreisblatt - Termine, Wetter, Sport und andere Informationen.
- Dithmarscher Landeszeitung - Regionalzeitung an der schleswig-holsteinischen Nordseeküste.
- Donau Blizz Aktuell - Boulevard-Sonntagszeitung, die kostenlos an alle Haushalte im Verbreitungsgebiet zugestellt wird.
- **Donaukurier@**
- Dresdner Blättl - bietet verschiedene Artikel der Printausgabe mit dem Schwerpunkten Stadtrat und kommunale Informationen.
- Dürener Zeitung
- Ela-Verlag - verlegt unter anderem deutschsprachige Wochenzeitungen.
- Elbmarsch-Post - regionale Nachrichten aus dem östlichen Landkreis Lüneburg.
- Erlanger Nachrichten
- Eßlinger Zeitung
- F.A.Z. - Frankfurter Allgemeine Zeitung
- Fränkischer Tag - Lokale Informationen, Service und Sportnachrichten aus dem Raum Bamberg.
- Frankenpost - Zeitung, die Bayern, Sachsen, Thüringen und Böhmen verbindet.
- Frankfurter Neue Presse - Höchster Kreisblatt und Taunus Zeitung online. Neben den aktuellen Texten können Veranstaltungshinweise, Freizeittips und die Kleinanzeigen kostenlos abgerufen werden.
- Frankfurter Rundschau
- Freie Presse Chemnitz - Nachrichten aus Sachsen, dem Erzgebirge und dem Vogtland, Ratgeber, Tourismus, Veranstaltungstips und Kinoprogramm.
- Fürther Nachrichten - mit Nachrichten aus der Region, Terminkalender und Gästebuch.
- Gandersheimer Kreisblatt
- Gelnhäuser Tageblatt - Nachrichten für die Region Mainz/Kinzig.
- GermNews - deutschlandbezogene Nachrichten; mit Archiv.
- Gießener Anzeiger - Nachrichten für die Region Mittelhessen, mit kostenlosen Kleinanzeigen.
- Glocke, Die - Tageszeitung für die Regionen Warendorf, Beckum, Ahlen und Gütersloh.
- Göttinger Tageblatt
- Goslarsche Zeitung / Harzer Tageblatt - Tageszeitung im Harz für Goslar, Bad Harzburg, Clausthal-Zellerfeld und Braunlage.
- Haidhauser Nachrichten - monatliche Münchner Stadtteilzeitung.
- Hamburger Abendblatt
- Hamburger Morgenpost - Artikel und Links zu anderen Web-Sites, freier Zugang.
- Handelsblatt - Wirtschaftsnachrichten, Ad-hoc Meldungen, und Börsenberichte aus aller Welt. Investor Online bietet Marktdaten, Börsenkurse und Devisenkurse.
- Hannoversche Allgemeine - Tageszeitung.
- Harburger Anzeigen und Nachrichten - Tageszeitung für Bezirk und Landkreis Harburg.
- Harke, Die - Tageszeitung für den Kreis Nienburg.
- Heilbronner Stimme - unter anderem mit regionalen Nachrichten und Szenenews.
- Hellweger Anzeiger - Regionale Nachrichten aus dem Kreisgebiet. Mit Veranstaltungskalender und Online-Anzeigenaufgabe.
- Hessisch-Niedersächsische Allgemeine (HNA)
- **Hildesheimer Allgemeine Zeitung@**
- **Holsteinischer Courier@**

- Honnefer Volkszeitung
- Ibbenbürener Volkszeitung - mit Lokalnachrichten, Veranstaltungskalender und Kinoprogramm.
- Idowa-Online - Online - Dienst der Verlagsgruppe Straubinger Tagblatt / Landshuter Zeitung.
- Jeversches Wochenblatt - Tageszeitung mit Regionalnachrichten, Fahrplänen und Veranstaltungstips.
- Junge Welt
- Kevelaerer Blatt
- Kieler Nachrichten
- Kölner Express - nützliche Informationen und interessante Neuigkeiten aus Kultur, Sport, Reisen, Wirtschaft und Politik.
- Kölner Stadt-Anzeiger
- Kölnische Rundschau - Tageszeitung für Köln und Umland.
- Kötztinger Zeitung
- Lahn-Dill-Online - Nachrichten, Veranstaltungskalender und Sporttermine.
- Landauer Zeitung
- Landshuter Zeitung
- Lausitzer Rundschau
- Le Monde diplomatique - Die deutschsprachige Ausgabe der französischen Monatszeitung für internationale Politik.
- Leipziger Volkszeitung
- Liechtensteiner Vaterland - mit Online-Abfrage des SBB-Fahrplans.
- Liechtensteiner Volksblatt (LVB)
- Lippische Landes-Zeitung - Informationen und Berichte aus dem Raum Lippe und Umgebung.
- Lippische Landeszeitung
- **Lübecker Nachrichten@**
- Lübecker Stadtzeitung - Wochenzeitung der Hansestadt Lübeck.
- Lüdenscheider Nachrichten
- Maerker-Online das Brandenburger Wochenblatt - Brandenburger Wochenblatt, Verbraucherzeitung in Ostprignitz-Ruppin.
- Magdeburger General-Anzeiger - Anzeigenblatt.
- Main-Echo Online
- Mainpost Newsline - Aktuelles aus der Main-Region.
- Mainz-Online - mit News, Sport und Regionalnachrichten, sowie einem Business-Service.
- Mannheimer Morgen - Tageszeitung im Rhein-Neckar Dreieck.
- Mendener Zeitung
- Mittelbayerische Zeitung
- Moosburger Zeitung
- MT-Online - Mindener Tageblatt.
- Mühlacker Tagblatt
- Münchner Merkur - mit Nachrichten, City-Guide, Online-Forum und Magazin.
- Münsterländische Tageszeitung - Nachrichten, Wetter, Kino und Lokales.
- Münstersche Zeitung
- Munich Times - Nachrichten aus der Stadt und der ganzen Welt.
- Nassauische Neue Presse
- Neu-Ulmer-Zeitung
- Neue Presse - Aktuelle Nachrichten aus Niedersachsen und Hannover.
- Neue Westfälische - mit Informationen aus den Regionen Bielefeld, Herford, Gütersloh, Hochstift, Minden-Lübbecke und Lippe.
- Neumarkter Nachrichten
- Neuss-Grevenbroicher Zeitung
- NewsClick - Online-Ausgabe von Braunschweiger Zeitung, Salzgitter Zeitung und Wolfsburger Nachrichten.
- Nordamerikanische Wochen-Post - Amerika's führende deutschsprachige Wochenzeitung. Seit 1854 bildet sie für ihre Leser eine Informationsbrücke zu ihrer Heimat.
- Nordbayerische Nachrichten - Lokalzeitung für den Raum Pegnitz und Auerbach.
- Nordbayerischer Kurier, Bayreuth - unter anderem mit Festspielinformationen, Businessforum und Chat.
- Norddeutsche Neueste Nachrichten
- Norddeutsche Rundschau, Flensburg
- Nürnberger Nachrichten

- Nürnberger Zeitung - Online-Ausgabe. Täglich aktualisierte Nachrichten aus der Region Nordbayern und aus aller Welt.
- Nürtinger Zeitung - mit Lokalnachrichten und Veranstaltungskalender.
- NWZ Online - Nachrichten, Sport und Termine für Oldenburg und Umgebung.
- Oberbayerisches Volksblatt, Rosenheim - OVB Online-Ausgabe.
- Oberhessische Presse, Marburg
- Obermain Tagblatt, Lichtenfels
- Offenbach-Post - Tageszeitung für die Stadt und den Kreis Offenbach.
- Online Kurier, Der - Internet-Tageszeitung für das Rhein-Main-Gebiet.
- Ostfriesische Nachrichten - mit Informationen, Terminen und Neuigkeiten aus der Region.
- Ostsee Zeitung - für Mecklenburg-Vorpommern.
- Paperball - ermöglicht das Auffinden tagesaktueller Artikel in den Online-Ausgaben deutscher Zeitungen.
- Passauer Neue Presse - mit Nachrichten, Kleinanzeigen und Veranstaltungskalender.
- Patriot, Der
- Peiner Allgemeine Zeitung - mit Abo-Service, Kleinanzeigen und Veranstaltungskalender.
- Pester Lloyd - Die deutschsprachige Zeitung Ungarns informiert allwöchentlich über Politik, Wirtschaft und Kultur aus Ungarn und Mittelosteuropa.
- Pforzheimer Zeitung
- Pirmasenser Zeitung
- Plattlinger Anzeiger
- Plettenberger Stadtgespräch - wöchentlich erscheinende Online-Zeitung.
- Potsdamer Neueste Nachrichten - Nachrichten aus Potsdam, Brandenburg und der Welt.
- Pressehaus Heidenheim - Onlineausgaben von Heidenheimer Zeitung, Heidenheimer Neue Presse und Neuer Woche.
- Pyrmonter Nachrichten
- Rems-Zeitung - Tageszeitung für Schwäbisch Gmünd und den Ostalbkreis.
- Remscheider General-Anzeiger - Nachrichten, Kleinanzeigen, Informationen, Adressen, Service, Vereine, Kultur und Foren.
- Reutlinger General-Anzeiger
- Rhein-Hunsrück-Anzeiger
- Rhein-Neckar-Zeitung - für Heidelberg und den Rhein-Neckar-Raum.
- Rhein-Zeitung - Regionale Zeitung mit Schlagzeilen des Tages, die man sich über ein Abo täglich per E-Mail frei Haus schicken lassen kann.
- Rheinische Post
- Rheinischer Merkur
- Rheinpfalz, Ludwigshafen
- Rotenburger Kreiszeitung - Tageszeitung für den Altkreis Rotenburg und Umgebung.
- Rotenburger Rundschau - Regionale Informationen über Rotenburg, mit Veranstaltungskalender sowie Hotel- und Gastronomieverzeichnis.
- Ruhr Nachrichten, Dortmund
- Sächsische Zeitung - mit Nachrichten aus Sachsen und aller Welt, Anzeigenmärkten, Online-Shopping, Stadtführern für Dresden und Leipzig und einer regionalen Suchmaschine.
- Schaumburger Zeitung, Rinteln
- Schleswig-Holsteinischer Zeitungsverlag - berichtet vor allem Lokales und Regionales.
- Schwäbische Post
- **Schwäbische Zeitung@**
- Schwäbisches Tagblatt
- Schweinfurter Nachrichten - Online-Zeitung für Schweinfurt und Umgebung.
- Siegener Zeitung - aktuelle Nachrichten aus Siegen, Siegerland und Wittgenstein.
- Singener Wochenblatt - für den Landkreis Konstanz.
- Soester Anzeiger - Nachrichten aus dem Raum Soest, Werl und Warstein.
- Solinger Tageblatt
- Sonntagsblatt - Wochenzeitung für Politik, Wirtschaft, Kirche und Kultur.
- Stader Tageblatt - Online-Ausgabe mit Marktplatz und aktueller Wettervorhersage.
- Stadtanzeiger Saarland - enthält die Ausgaben des Neunkircher Stadtanzeigers, St. Wendeler Stadtanzeigers und Illtal Stadtanzeigers.
- Stadtteil-Zeitung für Steglitz - Zeitung des Nachbarschaftsvereins Lankwitz e.V.
- Stuttgarter Nachrichten
- Stuttgarter Zeitung
- **Süddeutsche Zeitung (11)** NEU!

- Südkurier - präsentiert Nachrichten aus der Bodensee-Region.
- Südostbayerische Rundschau - Tageszeitung für Laufen, Freilassing, Tittmoning und das Gebiet um den Waginger See.
- Südwest Presse - bietet für alle Regionalausgaben die Rubriken Veranstaltungskalender, Kleinanzeigen und Informatives.
- Südwest-Presse, Die - Tageszeitung.
- SVZ online - Nachrichten aus Mecklenburg-Vorpommern, Deutschland und der Welt.
- Sylter Rundschau
- Tageblatt - Onlineausgabe für die Region Stade.
- Tages-Anzeiger, Zürich
- Tagesspiegel - Artikel zu den Themen: Berlin, Brandenburg, Politk, Wirtschaft, Kultur und Sport.
- **Tageszeitung, Die (TAZ) (2)**
- Teckbote
- Teltower Stadtblatt - Monatliche Lokalzeitung mit Amtsblatt.
- Thurgauer Zeitung - Tageszeitung im Kanton Thurgau.
- **Trierischer Volksfreund (2)** NEU!
- tz
- Uetersener Nachrichten - Lokales, Termine und Fernsehprogramm.
- Vilsbiburger Zeitung
- Waiblinger Kreiszeitung
- Walsroder Zeitung - Tageszeitung für den Altkreis Fallingbostel.
- **Welt, Die@**
- Werra-Rundschau, Eschwege
- Wertheimer Zeitung
- Weser Kurier, Bremen
- Westdeutsche Zeitung - Tageszeitung für die Region rund um Wuppertal, Krefeld, Düsseldorf und Mönchengladbach.
- Westfälische Rundschau - Tageszeitung.
- Westfälischer Anzeiger - Nachrichten aus Hamm, Werne, Bergkamen und Bönen.
- White Lotus Press - Beschreibung der Heirats-Sitten von Thailand im vergangenen Jahrhundert. Leseprobe mit Orginal-Kupferstichen.
- WN Online - Westfälische Nachrichten.
- Woche, Die - Wochenzeitung.
- Wolfsburger Allgemeine
- Wormser Zeitung
- Wort online - Luxemburger Nachrichten aus den klassischen Ressorts in deutscher Sprache.
- Würmtaler Nachrichten - Tageszeitung mit Lokalteil für das Würmtal.
- **Zeit, Die@**
- Zeitungen-Online - enthält Mediadaten der Zeitungen in Deutschland.
- Zollern-Alb-Kurier
- Zollernalbkurier, Balingen

**YAHOO!**
DEUTSCHLAND

# ÖSTERREICH

- Alpenpost - Regionalzeitung des Steirischen Salzkammergutes.
- Badener Zeitung - unabhängige Wochenzeitung für Stadt und Bezirk Baden.
- Bildpost - Regionalzeitung für die Bezirke Jennersdorf, Fürstenfeld, Feldbach, Radkersburg und Güssing.
- Burgenlandwoche, Die - Wochenzeitung für das Burgenland.
- Hrvatske Novine - Wochenzeitung der Burgenländischen Kroaten (deutsch/kroatisch).
- **Kleine Zeitung Online-Steiermark@**
- Kurier
- Neue Grazer, der - Wochenzeitung mit Artikeln über Politik, Kultur, Ereignisse und Gesellschaftsklatsch.
- Neue Kärntner Tageszeitung
- Neue Zeit Graz
- Neues Volksblatt - Oberösterreichische Tageszeitung die täglich die gesamte Ausgabe im Internet zur Verfügung stellt.
- NÖ. Anzeiger - Niederösterreichische Zeitung für die Bezirke Bruck/Leitha, Gänserndorf, Hollabrunn, Korneuburg/Stockerau und Mistelbach/Laa.
- Oberösterreich Nachrichten - Tageszeitung der Region.
- Oberösterreichische Rundschau - regionale Tageszeitung.
- Oberwarter Zeitung - unabhängige Wochenzeitung für den Pannonischen Raum.
- Österreich Journal - Monatsmagazin für Auslandsösterreicher in aller Welt.
- Osttiroler Bote - Regionalzeitung.
- Presse, Die - Tageszeitung.
- Salzburger Fenster - Stadtzeitung.
- Salzburger Nachrichten
- **Standard, Der** (3)
- Tiroler Bezirksblätter Online - lokale Wochenzeitungen.
- Tiroler Tageszeitung Online - das Angebot der Tiroler Tageszeitung bringt unter anderem Bezirksnachrichten und Landesnachrichten.
- Vorarlberg Online - unter anderem mit News, Forum, Chat, Partnerbörse und Kleinanzeigen.
- Wann & Wo - Sonntagszeitung für die Region.
- Weizer Zeitung - Lokalzeitung mit Ortsjournalen.
- Wiener U-Bahn Zeitung (WUZ) - Die Tageszeitung versteht sich als zeitgemäße Chronistin der Stadt.
- Wiener Zeitung - politische und aktuelle Berichterstattung von Staat über Computer und Jobs bis Schach. Mit dem Amtsblatt.

**YAHOO!**
DEUTSCHLAND

## SCHWEIZ

- Aargauer Zeitung
- Anzeiger - Wochenzeitung für die Ostschweiz und das Fürstentum Liechtenstein.
- Arbon Aktuell - aktuelle News aus Arbon am Bodensee (Schweiz).
- Basellandschaftliche Zeitung
- **Basler Zeitung (BaZ)@**
- BauernZeitung - offizielle Wochenzeitung der Bäuerlichen Organisationen der Schweiz.
- Berner Zeitung Online - täglich aktualisierte Online-Ausgabe.
- Bieler Tagblatt - Tageszeitung für Biel und das Schweizer Seenland.
- Blick online
- Cash Online - Wirtschaftszeitung der Schweiz.
- Engadiner Post - Lokalzeitung für das Engadin und Südbünden.
- Entlebucher Anzeiger - Zeitung für das Amt Entlebuch und Umgebung.
- **Freiburger Nachrichten@**
- Furttaler - Wochenzeitung von Regensdorf, Buchs, Dällikon, Dänikon, Hüttikon, Otelfingen und Boppelsen.
- HandelsZeitung - Schweizer Wochenblatt für Wirtschaft und Management.
- Landanzeiger - öffentliches amtliches Publikationsorgan von 27 Gemeinden des Westaargaus.
- Langenthaler Stadtblatt
- Luzern heute - unabhängige Wochenzeitung für Luzern und Umgebung.
- Matte-Zytig - Zeitung des Berner Matten Quartiers.
- Netzpress - Die Basler IT-Zeitung berichtet über Wirtschaft, Lifestyle und Freizeit.
- NZZ - Neue Zürcher Zeitung.
- Prättigauer und Herrschäftler - Lokalzeitung für das Prättigau und die Bündner Herrschaft.
- Quartierecho-Online - Wochenzeitung.
- Schaffhauser Nachrichten - Nachrichten aus dem Inland, Ausland, Sport und der Region.
- Selezione, Die - veröffentlicht kritische Artikel.
- Sonntags Zeitung
- Südostschweiz - unterhält Regionalausgaben in den Kantonen Graubünden, Glarus, St. Gallen, Schwyz und dem Fürstentum Liechtenstein.
- Tagblatt
- Tagblatt für die Stadt Bern
- Tages-Anzeiger
- Thai-Swiss News - in deutscher und teilweise thailändischer Sprache für europäische Leser.
- Thuner Amtsanzeiger
- Thuner Tagblatt - mit Stellenbörse, Immobilien- und Fahrzeugkleinanzeigen.
- Thurgauer Zeitung - Tageszeitung im Kanton Thurgau.
- Unsere Welt - Zeitung der Schweizerischen Friedensbewegung.
- Urner Wochenblatt
- Weltwoche, Die - klassische Wochenzeitung der Schweiz.
- Winterthurer Woche - Onlineversion der Wochenzeitung.
- Wochen-Zeitung für das Emmental und Entlebuch - berichtet in ihrer Online-Ausgabe jeden Donnerstag aus Politik, Kultur, Soziales und Sport.
- WochenZeitung (WoZ) - linke Deutschschweizer Wochenzeitung. Einmal im Monat ist die deutsche Übersetzung von Le Monde diplomatique beigelegt.
- Zeit-Fragen - versucht wichtige Probleme, Fragestellungen und Informationen der Gegenwart aufzugreifen und einer breiten Leserschaft zugänglich zu machen.
- Zofinger Tagblatt
- Zürcher Unterländer - Tageszeitung des Zürcher Unterlandes.
- Zürich Online - bietet Aktuelles und Wissenswertes über die Stadt.
- Zürichsee-Zeitung Online - tägliche Informationen rund um den Zürichsee.

## ANNEXE 2 – QUELQUES EXEMPLES POUR APPRENDRE A DECRYPTER LES OFFRES D'EMPLOI

# Gehen Sie
# mit uns online!

Die Hohenburgische Allgemeine, kurz HoAZ, ist Berglands auflagenstärkste Tageszeitung. Für unseren neuen Geschäftsbereich HoAZonline suchen wir jetzt qualifizierte Mitarbeiterinnen und Mitarbeiter, die eine neue Herausforderung lockt:

### Media-Berater/-in

**Was ist zu tun?** Sie verkaufen Werbebanner an regionale Kunden. Sie pflegen den Kundenkontakt über das Telefon, per E-Mail, persönlich vor Ort, im Haus und auf Messen. Durch Ihre Analyse und Beobachtung der Online-Märkte sind Sie immer auf dem neuesten Stand des Wettbewerbes und entwickeln entsprechende Verkaufsstrategien.

**Was sollten Sie können?** Sie sind eine engagierte Verkäuferpersönlichkeit, die sowohl Erfahrungen aus dem Bereich Neue Medien/Internet als auch aus dem Bereich Marketing mitbringt. Sie sollten überdurchschnittlich kontaktfähig sein sowie verhandlungs- und präsentationssicher, um den Kunden das Potenzial des Internets deutlich zu machen. Gefragt sind also Kommunikationstalent, Kreativität, Flexibilität und Teamfähigkeit.

### Content-Manager/-in

**Was ist zu tun?** Ihre Aufgabe ist die tägliche Produktion von Web-Inhalten. Sie arbeiten in enger Abstimmung mit den Redaktionen der HoAZ. Darüber hinaus konzipieren, beschaffen und realisieren Sie selbst neue Inhalte für HoAZonline. Sie kommunizieren online mit der Zielgruppe und beantworten Anfragen per E-Mail.

**Was sollten Sie können?** Sie sind zwischen 25 und 35 Jahre alt und haben ein Hochschulstudium abgeschlossen. Ausschlaggebend ist nicht die Fachrichtung, sondern Ihre analytische und kommunikative Kompetenz. Erfahrungen in der Arbeit einer Redaktion (auch durch Praktika) sowie die Fähigkeit, komplexe Sachverhalte zielgruppengerecht aufzubereiten, sind Grundlage Ihrer Tätigkeit. Vorteilhaft sind Internet- und HTML-Kenntnisse.

### Webmaster/-in

**Was ist zu tun?** Ihre Hauptaufgabe ist die sorgfältige Betreuung des Web-Servers von HoAZonline.

**Was sollten Sie können?** Sie sind absolut fit in HTML, DHTML und Java. Wünschenswert wären auch Kenntnisse in XML und SQL. Sie bringen hinreichende Erfahrungen in WindowsNT und Unix mit. Außerdem beherrschen Sie C++ und ActiveX sowie den MSSQL-Server. Sie haben Ihr Informatik-Studium abgeschlossen und haben Lust auf anspruchsvolle Jobs in einem jungen Team.

Erfüllen Sie unsere hohen Erwartungen? Dann freuen wir uns auf Ihre aussagekräftige Bewerbung – bitte mit Foto, Angabe Ihrer Gehaltsvorstellungen und frühestem Eintrittstermin.

**Bergländische Verlagsgesellschaft mbH Hohenburg, Postfach 811251, 86547 Hohenburg.**

**Sie finden diese Anzeige auch unter www.HoAZonline.de/jobs**

## International tätiges deutsches Unternehmen
## der Daten- und Kommunikationstechnik

## Produktmanager

**Wir sind ein stark expandierendes Unternehmen mit einer breiten Produktpalette, die sowohl moderne Komponenten und Systeme der Daten- und Kommunikationstechnik umfasst als auch langjährig bewährte Erzeugnisse der elektrischen Installationstechnik. Der Standort befindet sich im Großraum Dortmund.**

Im Zuge unserer weiteren Expansion stärken wir auch unsere Vertriebs- und Marketingaktivitäten. Wir suchen einen **Produktmanager (768492)**, der insbesondere folgende Aufgaben wahrnehmen soll: Unterstützung der Geschäftsführung und der Unternehmensbereiche bei der strategischen Produktplanung, Mitarbeit an der Definition neuer Marktsegmente, Erarbeitung nationaler und internationaler Marketingstrategien und Konzipierung von Innovationsstrategien.

Wir wenden uns an jüngere Interessenten mit qualifizierter betriebswirtschaftlicher Ausbildung und guten Marketingkenntnissen. Branchenkenntnisse wären von Vorteil, sind jedoch nicht Bedingung. Neben Teamorientierung, guter Eigenmotivation, konzeptioneller Befähigung bei gleichzeitiger Durchsetzungs- und Umsetzungsstärke erwarten wir verhandlungssichere Englischkenntnisse.

Aussagekräftige Bewerbungsunterlagen (tabellarischer Lebenslauf, Zeugniskopien, Lichtbild, Angabe des Gehaltswunsches/Eintrittstermin) senden Sie bitte unter der angegebenen Kennziffer an **Schreiner Executive Consultants, Postfach 124876, 40827 Düsseldorf. http://www.schreiner.job.de**

# VIRTUAL W@Y

Wir sind eine der führenden Internet-Firmen in Mittel-Europa und entwickeln intelligente Software-Roboter. Wir zeichnen uns durch schnelle Innovationszyklen in einem dynamisch wachsenden Markt aus. Unsere Produkte werden speziell für Unternehmen entwickelt, die im „Knowledge Management" eine herausragende Rolle spielen wollen.

Wir suchen zur Verstärkung unseres Teams (bereits 300 Mitarbeiter) engagierte, hoch motivierte und kreative Mitarbeiter für unseren Standort Koblenz.

### Projektmanager(-in)

Wir suchen mehrere Manager für Projekte unterschiedlicher Größe sowohl in der Produkt- als auch in der Anwendungsentwicklung. Sie steuern die Projekte mit interdisziplinären Teams von der Konzeption über die Implementierung bis zur Einführung. Sie sind vertraut mit den Methoden von Projektplanung, -controlling und -steuerung und den entsprechenden Tools. Idealerweise sind Sie im Bereich Internet- und/oder OO-Entwicklung zu Hause. Für die Produktentwicklung haben Sie einen KI-Background. Sie sind kommunikativ, arbeiten teamorientiert und motivieren Ihre Mitarbeiter: Sie handeln zielorientiert.

### Software-Entwickler

Sie haben Erfahrung in der Entwicklung komplexer Software, idealerweise im Umfeld intelligenter Agenten, basierend auf Internet-Technologie Sie kennen die einschlägigen Programmiersprachen und Tools im Java-Umfeld und haben Erfahrung in allen Phasen der Software-Entwicklung mit Schwerpunkten auf Konzeption und Implementierung. Idealerweise haben Sie Erfahrung in der Erarbeitung von System- und Anwendungsarchitekturen. In der Anwendungsentwicklung gehören zu Ihren Aufgaben Konzeption und Entwicklung kundenspezifischer, dialogorientierter E-Business-Lösungen.

### Webmarketing-Spezialist

Sie konnten schon die erste Berufserfahrung im Bereich Online-Marketing sammeln. Sie haben BWL oder Kommunikationswissenschaften studiert und möchten gerne in einem spannenden und zukunftsweisenden Internet-Unternehmen tätig werden. Sie wissen, welche Webseiten die höchste Anziehung haben, entwickeln Konzepte für Online-Marketing-Aktionen, haben Erfahrung bei der Platzierung von Werbebannern und besitzen fundiertes Internet- und MultimediaWissen. Sie wollen neue Wege im Marketing gehen, dabei zählen Ihre Kreativität und der Mut, auch neue Dinge zu probieren.

Unser kooperatives Miteinander und die Innovationskraft unseres Unternehmens werden Sie begeistern. Zu unseren attraktiven Rahmenbedingungen und leistungsorientierten Incentives gehören selbstverständlich auch Stock Options.

Schicken Sie uns Ihre Bewerbung per E-Mail an: klgermany@virtual-w@y.com oder auf dem herkömmlichen Weg zu Händen Frau Christa Rand.

[logo]

virtual w@y

Warnbergerstraße 1-3
51264 Koblenz

# j&k (un logo)

**Berufliche Perspektiven
durch aktive Mitgestaltung
der IT-Infrastruktur im Bereich
Internet / Intranet / e-Commerce**

Unser Klient ist der IT-Dienstleister einer
bundesweit führenden Handelsgesellschaft
für Baustoffe.
Das Angebots- und Dienstleistungsportfolio
unseres Klienten umfasst alle Aspekte einer
zeitgemäßen IT, wie auch z.B. den Bereich
Inter-/Intranet oder e-Commerce.
In diesen Bereichen soll für die Kunden
unseres Auftraggebers durch eine umfassende
Neukonzeption ein zukunftsorientierter Standard
entwickelt, implementiert und aktuell
fortgeschrieben werden.

Sind Sie, die Dame/der Herr, an dieser
interessanten und herausfordernden Aufgabe
interessiert?
Dann senden Sie uns Ihre vollständigen
Bewerbungsunterlagen – bitte mit Lichtbild- Ihren
Einkommensvorstellungen sowie Ihrer
Verfügbarkeit unter der Kennziffer M-0302.

Unser Berater Werner Lueg steht Ihnen unter der
Rufnummer 06 12/8 77 75 91 während der
üblichen Bürozeiten zu weiteren Auskünften
zur Verfügung.
Wir garantieren Ihnen Diskretion und die
gewissenhafte Beachtung Ihrer Sperrvermerke.

# Webmaster

**Zu Ihren Aufgabenschwerpunkten gehören:**

- Mitwirkung bei der technisch-organisatorischen Neukonzeption des Internet-Auftrittes sowie dessen Realisierung.

- Administration der Webserver

- Schnittstelle zur Anwendungsentwicklung für die operativen Systeme zur Integration von operativen Daten in die Web-Anwendungen.

- Umsetzung der Konzeptionen z.T. mit externen Dienstleistern.

**Für Ihren Einstieg wünschen wir uns:**

- Abgeschlossenes Studium als Diplom-Informatiker oder vergleichbare praktische Kenntnisse.

- Kenntnis von UNIX/LINUX und Windows/NT.

- Erfahrung in gängigen Sprachen/Scripten wie z.B. Perl, PHP3, HTML, XML, CGI oder Java.

- Erfahrung im Umgang mit Webservern.

- Einige Jahre Erfahrung in Dienstleistungs-unternehmen.

- Alter ca. 28 bis 35 Jahre.

- Teamfähigkeit, gepaart mit Durchsetzungs-vermögen.

- Flexibilität gemeinsam mit der Fähigkeit zu strukturiertem Arbeiten und Denken.

**j&k management consulting • Krefelder Straße 236 • 45210 Essen
weitere Informationen unter: www.jkmc.org**

Wir sind eine unabhängige Pressegruppe in
Deutschland und suchen für unsere Zeitung
MODE GLOBAL NEWS,
in ihrem Bereich führende Halbmonatszeitung
der Mode und Beauty,
einen

# Journalisten/
# Redakteur

In Zusammenarbeit mit der Chefredaktion in München
sind Sie verantwortlich für Sammlung und Verarbeitung
von Informationen über den französischen Markt und
den Pressebereich unserer Zeitung.

Sie bearbeiten alle wichtigen Ereignisse (Konferenzen,
Fachmessen, usw.) und nehmen aktiv an der Erstellung
und Redaktion der Zeitung teil.

Sie haben ein Germanistik/Romanistik- oder
Journalistikstudium absolviert oder verfügen über eine
gleichbedeutende Ausbildung und besitzen mindestens
2 Jahre Berufserfahrung in den Printmedien.
Außerdem sind Sie perfekt dreisprachig
Französisch, Deutsch und Englisch.

Ihr Arbeitsplatz befindet sich in Paris,
wir setzen jedoch große Reisebereitschaft voraus.

Bitte senden Sie Ihre Bewerbungsunterlagen
(handschriftlicher Brief, Lebenslauf,
Foto und Gehaltswunsch), unter der Kennziffer
MA/00/44, an MODAL CONSULTING GmbH
Postfach 203, 81375 München

# Kanal Δ

## eines der erfolgreichen, jungen Fernsehprogramme

## sucht zur Verstärkung seines jungen Teams einen

## Online-Webmaster (m/w)

### Ihr Aufgabengebiet:

- redaktionelle Pflege und Aktualisierung der Websites

- kontinuierliche Weiterentwicklung auf technischer und inhaltlicher Basis

- Aufbau von E-Commerce-Elementen

- Definition neuer strategischer Felder

- regelmäßige Erstellung von vermartungsfähigen Auswertungen der Daten

- monatliche Erfolgskontrolle der Webseiten

- Initiierung eines Vermarktungskonzeptes

- Koordination externer und interner Ressourcen

### Ihr Profil:

- Berufserfahrung im Online-Bereich

- einschlägige, praktische Erfahrungen in der Konzeption, dem Aufbau und der Weiterentwicklung von Internetseiten

- Kenntnisse in der Webserver-Administration

- Kreativität

- sehr gute Englischkenntnisse in Wort und Schrift

- Kenntnisse in den Anwendungen/ Sprachen Adobe Photoshop, JavaScript, Dynamic HTML

- selbstständige Arbeitsweise

- Projekterfahrung im Team

Wenn Sie an dieser abwechslungsreichen Tätigkeit interessiert sind, bitten wir Sie um Zusendung Ihrer vollständigen Bewerbungsunterlagen mit Gehaltswunsch und frühestmöglichem Eintrittstermin an: **KANALdelta** GmbH, Personalwesen, Martina Miller, Wolkenallee 34, 93023 Regensburg.

# ANNEXE 3 – UTILISER DES VERBES ACTIFS DANS SA LETTRE DE CANDIDATURE ET AU COURS DE L'ENTRETIEN

Ces verbes servent à décrypter les annonces aussi bien qu'à rédiger les lettres de candidature comme ils peuvent enrichir votre argumentaire au cours de l'entretien.

| | | | | |
|---|---|---|---|---|
| ablenken | beraten | entwerfen | helfen | nutzen |
| abschätzen | berechnen | entwickeln | herstellen | |
| adressieren | bereitstellen | entziehen | hervorbringen | ordnen |
| analysieren | berichten | erarbeiten | | organisieren |
| anbieten | beseitigen | erfassen | illustrieren | |
| anleiten | bestellen | erfinden | improvisieren | pflegen |
| anpassen | bestimmen | erhalten | informieren | planen |
| arbeiten | betreiben | erhöhen | initiieren | präparieren |
| argumentieren | betreuen | erinnern | integrieren | präsentieren |
| aufbauen | beurteilen | erklären | interpretieren | problematisieren |
| aufnehmen | bewahren | erlangen | interviewen | produzieren |
| aufrechterhalten | bewältigen | erledigen | | programmieren |
| aufstellen | bewerten | errechnen | klassifizieren | projektieren |
| aufwerten | beziehen | erreichen | konsolidieren | prüfen |
| ausbilden | bilden | erstellen | kontrollieren | publizieren |
| ausdrücken | | erweitern | konzipieren | |
| ausführen | darstellen | erzählen | koordinieren | reagieren |
| ausstellen | definieren | erzeugen | korrigieren | realisieren |
| auswählen | diagnostizieren | experimentieren | | reden |
| | drucken | | lehren | redigieren |
| bauen | durchführen | fahren | leisten | reduzieren |
| beaufsichtigen | durchsetzen | festlegen | leiten | reisen |
| bedienen | | feststellen | lernen | reparieren |
| beeinflussen | einfühlen | finanzieren | lesen | restaurieren |
| beinhalten | einführen | folgen | liefern | riskieren |
| befolgen | einkaufen | fördern | lösen | |
| befragen | einleiten | formulieren | | sammeln |
| begeistern | einordnen | forschen | managen | schlichten |
| behalten | einrichten | führen | manipulieren | schreiben |
| behandeln | einschätzen | | mitfühlen | schützen |
| beherrschen | eintragen | geben | mitteilen | skizzieren |
| bekommen | empfangen | gehorchen | modellieren | sortieren |
| belehren | empfehlen | gründen | motivieren | spielen |
| benutzen | entdecken | | | sprechen |
| beobachten | entscheiden | handeln | nachweisen | spüren |

| | | | | |
|---|---|---|---|---|
| steuern | übersetzen | verhandeln | vorschreiben | zurückholen |
| studieren | überwachen | verkaufen | vorstellen | zusammen- |
| symbolisieren | überzeugen | vermehren | vortragen | arbeiten |
| systematisieren | unterhalten | vermitteln | | zusammen- |
| | unterrichten | versammeln | wagen | fassen |
| teilen | untersuchen | verstehen | wahrnehmen | zusammen- |
| testen | | verteilen | weiterleiten | stellen |
| treffen | verantworten | vertreten | widerlegen | |
| trennen | verarbeiten | verwalten | | |
| | verbessern | verweisen | zeichnen | |
| übergeben | vereinigen | voraussagen | zeigen | |
| überprüfen | verfassen | vorbereiten | zuhören | |
| überreden | vergleichen | vorführen | zurechtkommen | |

*Cf.* Richard NELSON BOLLES, *Durchstarten zum Traumjob*. Campus, 3. Auflage 2000.

# ANNEXE 4 – GLOSSAIRE TRILINGUE DE LA RECHERCHE D'EMPLOI

| ALLEMAND | FRANÇAIS | ANGLAIS |
|----------|----------|---------|
| Absolventenkongress | forum jeunes diplômés | graduate recruitment fair |
| Abteilung | département, service | departement |
| Anforderungen | qualifications requises | requirements, demands |
| Anforderungsprofil | profil requis | required profile |
| Anlage | pièces jointes (P.J.), annexes | enclosures |
| Anschreiben | lettre de candidature, de motivation | covering letter |
| Anschrift | adresse | address |
| Ansprechpartner | interlocuteur | contact |
| Anzeige | annonce | advertisement |
| Arbeitgeber | employeur | employer |
| Arbeitnehmer | employé | employee |
| Arbeitsamt | agence locale d'emploi | local job center |
| Arbeitsmarkt | marché du travail | job market |
| Arbeitsplatz | emploi, poste | job |
| Arbeitsplatzsuche | recherche d'emploi | job search |
| Arbeitsplatzbeschreibung | description de poste | job specification |
| Arbeitsplatzsuchender | chercheur d'emploi | job seeker |
| Arbeitsvermittler | bureau de placement | employment agency |
| Arbeitsvertrag | contrat de travail | employment contract |
| Arbeitszeit | temps de travail | working time / hours |
| Assessment Center | Assessment Center | Assessment Center |
| Aufgabe | tâche, mission | duty, task |
| Aufgabengebiet | mission | duties |
| Aufstiegsmöglichkeiten | possibilités d'évolution | promotion prospects |
| Ausbildung | formation | education |
| Auslandserfahrung | expérience à l'étranger | experience abroad |
| Ausstellungen | foires, expositions, salons | fairs, exhibitions |
| Auswahlkriterien | critères de sélection | pre-selection process |
| Außendienst | service externe | external duty |
| Begleitschreiben | lettre d'accompagnement | supporting letter |
| Berater(firma) | consultant, DRH | consulting company, counselor |
| Beruf | profession, métier | profession, job |
| Beruflicher Werdegang | parcours professionnel | career history |
| Berufliches Vorhaben | projet professionnel | professional project |
| Berufsanfänger | débutant | first time employee |
| Berufseinstieg | premier emploi | starting a career / a job |

# Le CV et le dossier de candidature en allemand

| ALLEMAND | FRANÇAIS | ANGLAIS |
|---|---|---|
| Berufserfahrung | expérience professionnelle | job / profess. experience |
| Berufsbezeichnung | dénomination prof. | job descripton |
| Berufsfeld | secteur d'activité | job field / area |
| Berufsmotivation | motivation professionnelle | professional motivation |
| Berufsprofil | profil professionnel | job profile |
| Berufswahl | choix professionnel | choosing a career |
| Berufsziel | objectif professionnel | career goal |
| Betreff | objet | reference / Re |
| Betrieb | entreprise | company |
| Bewerben, sich - um | poser sa candidature pour ... | to apply for |
| Bewerber | candidat | applicant / interviewee |
| Bewerbung | candidature | application |
| Bewerbungsfoto | photo de CV | [photo] |
| Bewerbungs(frage)bogen | questionnaire d'embauche | application form |
| Bewerbungsgespräch | entretien d'embauche | interview |
| Bewerbungsmappe | dossier de candidature | application papers |
| Bewerbungsschreiben | lettre de candidature | application letter |
| Bewerbungsunterlagen | dossier de candidature | application papers |
| Bewerbungsverfahren | procédure de candidature | application setting |
| Blickfang | accroche | eyecatcher |
| Blindbewerbung | candidature spontanée | unsolicited application |
| Branchen | secteurs d'activité | field, industrial sector |
| Brief = Schreiben | lettre | letter |
| Checkliste | liste de contrôle | checklist |
| Dankesbrief | lettre de remerciement | letter of thanks |
| Eigenschaft | qualité, caractéristique | attribute, quality |
| Eignen, sich - für | être qualifié pour, convenir | to be suited |
| Eignung | qualification, aptitude | suitability |
| Einstellen | embaucher, engager | to hire, take on |
| Einstellung | embauche | employment, recruitment |
| Einstellungsgespräch | entretien d'embauche | job interview |
| Einstellungskriterien | critères pour l'embauche | recruitment criteria |
| Einstellungsverfahren | procédure d'embauche | recruitment process |
| Erwartung | attente | expectations |
| EURES (European Manag. Services) | EURES (European Manag. Services) | EURES (European Manag. Services) |
| Fachkraft | spécialiste | specialist |
| Fachliche Qualifikation | compétence professionnelle | "hard skills" |
| Fähigkeit | aptitude | ability |
| Firma | entreprise, société | company |
| Firmen-Name, -Bezeichnung | raison sociale | company title |
| Führungskraft | cadre | executive, manager |

| ALLEMAND | FRANÇAIS | ANGLAIS |
|---|---|---|
| Funktionsbereiche | fonctions | areas tasks, – duties |
| Fußnoten | note de bas de page | footnote |
| Gehalt | traitement, rémunération | salary, pay |
| Gehaltsverhandlung | négociation salariale | salary negotiation |
| Gehaltswünsche | prétentions | salary expectations |
| Gespräch | entretien, conversation | conversation, discussion |
| Gesprächspartner | interlocuteur | interviewer |
| Gesprächsvorbereitung | préparation à l'entretien | job interview preparation |
| Handgeschrieben | manuscrite (lettre) | handwritten |
| Hard skills | compétences profession. | professional skills |
| Herausforderung | défi, challenge | challenge |
| Hintergrund, sozialer | environnement social | social background |
| Hobbies | loisirs, divers | personal interests, hobbies |
| Hochschulabsolvent | jeune diplômé | graduate |
| IHK (Industrie- und Handelskammer) | CCI (chambre de commerce et de l'industrie) | Chamber of Industr. /.Comm. |
| Informatik-Kenntnisse | connaissances en informat. | computer skills |
| Initiativbewerbung | candidature spontanée | unsolicited application |
| Inserat | annonce | job advertisement |
| Inserent | annonceur | advertiser |
| Inserieren | passer une annonce | to advertise, place an ad. |
| Internet-Bewerbung | candidature électronique | electronic application |
| IT | technologie de l'information | IT |
| Job-Bezeichnung | intitulé du poste | job title |
| Jobbörsen | bourse d'emploi | job fairs |
| Job-Center | agence d'emploi | job-center |
| Kenntnisse | connaissances | skills, knowledges |
| Kleinanzeigen | petites annonces | small or classified ads |
| Kontaktmessen | forums de recrutement | job fairs |
| Kopfjäger | chasseur de tête | head hunter |
| Kurzbewerbung | candidature abrégée | brief application |
| Lebenslauf | CV (curriculum vitæ) | CV, resume |
| Lohn | salaire | wage(s) |
| Lücke (im Lebenslauf) | trou(s) dans le CV | gap(s) in the CV |
| Marktanalyse | analyse du marché | market analysis |
| Medien | médias | media |
| Messen | foires, expositions, salons | fairs, exhibitions |
| Mitarbeiter | collaborateurs, collègues | employee, collaborator |
| Nachwuchskräfte | jeunes cadres | junior employees |
| Personalabteilung | service du personnel, DRH | personnel department |
| Personalberater | consultant en recrutement | personnel consultant |
| Personalchef | chef du personnel, DRH | personnel manager |

## Le CV et le dossier de candidature en allemand

| ALLEMAND | FRANÇAIS | ANGLAIS |
|---|---|---|
| Personalleiter | responsable du personnel | personnel manager |
| Personalmessen | forums de recrutement | recruitment events |
| Persönliche Daten | coordonnées personnelles | personal details |
| Persönliche Qualifikation | profil personnel | "soft skills" |
| Position | poste | position, subject |
| Praktikum / -a | stage(s) | internship, traineeship |
| Probezeit | période d'essai | trial period |
| Profil, berufliches | profil professionnel | professional profile |
| Profil, persönliches | profil personnel | personal profile |
| Punkt | point | dot |
| Schalten (eine Anzeige –) | passer une annonce | to advertise, place an ad |
| Schlüsselqualifikationen | qualifications-clef | key qualification |
| Schreiben = Brief | lettre | letter |
| Schulbildung | formation secondaire | school education |
| Schwäche | faiblesse | weak points, weakness |
| Selbstanalyse | évaluation personnelle | self-awareness |
| Selbsteinschätzung | évaluation personnelle | self-assessment |
| Soft skills | compétences sociales | social skills |
| Sozialleistungen | prestations sociales | fringe benefits |
| Sozialversicherung | assurances sociales | social security contribution |
| Spontane Bewerbung | candidature spontanée | unsolicited application |
| Stärken | points forts | strong points, strengths |
| Stärkenanalyse | analyse des points forts | strength analysis |
| Stelle, Stellung | emploi, place | job position |
| Stellenangebote | offres d'emploi | vacancies |
| Stellenanzeigen | annonces (petites) | job advertisement |
| Stellenanwärter | chercheur d'emploi | job seeker |
| Stellenbeschreibung | description de poste | job description / specification |
| Stellengesuch(e) | demande(s) d'emploi | job application |
| Stellenmarkt | marché de l'emploi | job market |
| Stellensuche | recherche d'emploi | job search / seeking |
| Stellensucher | chercheur d'emploi | job seeker |
| Stellenvermittlung | agence pour l'emploi | recruitment agency |
| Stellenwechsel | changement d'emploi | change of job |
| Suche | recherche | search, researching |
| Suchen | rechercher | to search |
| Studium | études | degrees, studies |
| Tabellarisch | synoptique | tabular, tabulated |
| Tätigkeit | activité | activity, occupation |
| Tageszeitung | journal quotidien | daily newspaper |
| Teamarbeit | travail en équipe | teamwork |

| ALLEMAND | FRANÇAIS | ANGLAIS |
|---|---|---|
| Telefongespräch | communication téléphonique | telephone conversation |
| Überschrift | titre, intitulé | heading, title, headline |
| Übersichtlich | lisible, structuré | clear, clearly arranged |
| Überzeugung | conviction | conviction |
| Unaufgefordert | spontané, non-sollicité | unsolicited, cold/speculative |
| Unternehmen | entreprise | firm, enterprise, company |
| Unterschrift | signature | signature |
| Unumgänglich | incontournable | inevitable, indispensable |
| Vermittlung | placement | placement |
| Vollständig | complet | complete, entire |
| Vorbereiten | préparer | to prepare |
| Vorbereitung | préparation | preparation |
| Vorstellungsgespräch | entretien d'embauche | job interview |
| Werbung | publicité | advertising, publicity |
| Wochenzeitung | périodique hebdomadaire | weekly paper, –edition |
| ZAV (Zentralstelle f. Arbeitsvermittlung) | agence nationale pour l'emploi | national employ. agency |
| Zeitarbeit | travail temporaire, interim | temporary work |
| Zeitdruck | stress | (time) pressure |
| Zeugnisse | diplômes | certificates, diploma |
| Zielgruppe | groupe ciblé | target group |
| Zielsetzung | objectif | target, objective |
| Zusatzqualifikationen | qualifications supplément. | additional skills |
| Zuständig | compétent | competent, responsible |

## ANNEXE 5 – LEXIQUE INTERNET TRILINGUE

### Quelques observations liminaires

Ce n'est pas à vous, qui consultez ce livre, qu'il faut apprendre que la connaissance voire la maîtrise de la langue anglaise constitue, qu'on le veuille ou non, une des conditions indispensables de la réussite d'une carrière internationale. Ce nouveau moyen de communication que représente l'Internet en est une éloquente illustration. C'est l'anglais qui préside à l'élaboration de la terminologie de cet outil. Il n'est donc pas étonnant de trouver un certain nombre de vocables anglais aussi bien en français qu'en allemand. Comme vous l'avez sans doute remarqué, l'allemand est bien plus perméable à l'influence de la langue anglo-saxonne que le français. La langue d'outre-Rhin se trouve parfaitement à l'aise dans l'incorporation de termes d'une autre langue, surtout quand il s'agit d'un idiome frère comme l'est l'anglais. Ainsi on trouve un nombre élevé de termes anglais dans le langage internet allemand. Cela relève donc un peu du défi que de placer dans ce glossaire trilingue le français à gauche, lui donnant en quelque sorte la préséance de l'ordre alphabétique.

Par ailleurs, il faut signaler que la terminologie en cette matière est loin d'être figée et se trouve, à l'image du sujet, en pleine évolution.

Enfin, le vocabulaire informatique et celui d'Internet se recoupe dans bien des cas ce qui est normal vu l'interpénétration des deux médias ; on s'est efforcé, dans la mesure du possible, de se limiter au strict vocabulaire Internet.

| FRANÇAIS | ANGLAIS | ALLEMAND |
|---|---|---|
| accès | *access* | Zugang, Anschluss, Verbind. |
| accès d'un client Web aux applications, CGI | *CGI : Common Gateway Interface* | CGI : Standard zur Ausführung externer Programme |
| @ = chez (arrobas / arobase) | *«at sign»* | at-Zeichen, gesprochen at; bei, «Klammeraffe» |
| acronyme | *acronym* | Akronym |

| FRANÇAIS | ANGLAIS | ALLEMAND |
|---|---|---|
| actualiser a) écran ;b) logiciel | a) to refresh; b) to update | Updates |
| Administrateur de liste | list administrator | Listenverwalter |
| Adresse de Courrier Électronique | address, e-mail address | Adresse, eMail-Adresse |
| Adresse Internet | Internet address | Internet-Adresse |
| Adresse IP | Internet Protocol address | IP-Adresse |
| ADSL : ligne d'abonné numérique asymétrique | Asymmetric Digital Subscriber Line | ADSL : asymmetrische digitale Anschlussleitung |
| Affichage | display | Anzeige |
| alias | alias | Alias |
| Altavista : moteur de recherche | Altavista : search engine | Altavista : Suchmaschine |
| Amazon.com: la plus grande librairie du monde | Amazon.com: Earth's Biggest Bookstore (slogan publicitaire) | Amazon.com: Größte Buch-handlung der Welt |
| Ancre | anchor | Anker |
| annonces électroniques | Electronic Job Advertisement | elektronische Anzeigen |
| Annuaire électronique | electronic telephone directory | elektronisches Adressbuch |
| AOL : réseau privé de services en ligne | America OnLine; Internet-Provider | America Online / Compuserve; momentan der größte Provider |
| appliquette (petit progr. Java) | applet (Java) | Applet: kleines Java-Programm |
| araignée | Webcrawler: search engine | Webcrawler: eine der beliebtesten Suchmaschinen |
| argent électronique | e-cash / electronic money | Digitales Geld |
| ASCII | American Standard Code for Information Exchange | ASCII |
| assistance technique téléphon., numéro d'urgence | hotline | Hotline |
| .at : suffixe – Autriche | Austria | Österreich |
| Attribut | attribute | Attribut |
| Autoroutes (les) de l'information | Data / Information Highway | Datenautobahn |
| Avatar: petite représentation graphique désignant l'utilisateur d'un chat | Avatar: graphic image of a chat user | Avatar: Grafische Gebilde, die den Benutzer eines Chats darstellen sollen |
| Balises | tags | Tag : Marke |
| Banque/base de données | data bank / data base | Datenbank/ –basis |
| bavardage/bavarder : discussion en ligne et en temps réel | chat, n and v chat-room | Chat / chatten |
| .be : suffixe – Belgique | Belgium | Belgien |
| boîte aux lettres électronique | electronic mailbox | Mailbox / Postfach |
| Bureau (écran) | desktop | Desktop : Arbeitsoberfläche |
| Byte octet | byte : eight-bit | Byte : Datenblock aus 8 Bits |
| Cadre | frame | Rahmen |
| canal | channel | Kanal |
| .ch : suffixe – Suisse | Switzerland | Schweiz |

## Le CV et le dossier de candidature en allemand

| FRANÇAIS | ANGLAIS | ALLEMAND |
|---|---|---|
| Client : ordinateur recevant des informations d'un serveur | *client:part of network* | Client : Computer der Daten von einem Server bekommt |
| Codage | *encryption* | Verschlüsselung |
| .com : suffixe – société privée | *.com : commercial organization* | .com. Unternehmen |
| Commerce électronique | *e-commerce* | E-Commerce / E-Handel / Internet-Handel |
| Cookie | *Cookie* | Cookie |
| Copie CC | *CC : Carbon Copy* | CC : Durchschlag |
| Copie cachée | *BCC : Blind Carbon Copy* | BCC |
| corps (d'un courrier électr.) | *body (of letter, e-mail)* | Body (in einer E-Mail denText) |
| Coupe-Feu | *firewall* | Firewall |
| Courrier Électronique | *E-mail* | E-Mail, elektronische Post |
| Courrier escargot | *snail mail* | Snail Mail, «Schneckenpost» |
| DECT : Standard européen de télécommunications numériques sans fil | DECT: Digital European Cordless Telephony | DECT: europäischer Übertragungsstandard für digitale schnurlose Telefone |
| Disque souple | *floppy disk* | Floppy Disk |
| .de : suffixe = Allemagne | *Germany* | Deutschland |
| DNS : serveur de noms de domaine | *DNS : Domain Name Server / Service* | DNS-Server |
| Domaine/nom de domaine | *Domain / domain-name* | Domäne / Domain-Name |
| e-mail : courrier électronique | *e-mail* | elektronische Post, E-Mail |
| Emoticon (composé de « emotions » et « icon »), souriants | *smiley* | Emoticon : Smiley |
| En ligne | *On line* | Online |
| Épine dorsale : réseau (national) d'interconnexion | *backbone : internet of network* | Rückgrat : Leitungsstrecke der relativ höchsten Kapazität |
| .es : suffixe = Espagne | *Spain* | Spanien |
| Excite : moteur de recherche | *Excite : search engine* | Excite : Suchmaschine |
| Ezine, cf. Webzine | *Electronic Magazine* | Elektronisches Magazin |
| FAQ : Questions fréqu. posées | *Frequently Asked Questions* | FAQ : häufig gestellte Fragen |
| Fichier | *file* | Datei |
| Fichier binaire | *binary file* | Binäre Datei |
| Fichier compte-rendu | *log file* | die Logfiles |
| Fichier exécutable | *executable file* | Ausführbare Datei |
| Fireball: moteur de recherche allemand | *Fireball: german search engine* | Fireball: Deutsche Suchmaschine |
| Flame : attaque personnelle | *flame* | flame : persönlicher Angriff |
| FOCUS online: site web de l'hebdomadaire FOCUS | *FOCUS online* | FOCUS Online: Web-Site des Nachrichtenmagazins FOCUS |
| Formulaires | *forms* | Formulare |
| Forum, groupe de discussion | *newsgroup* | Newsgruppe |
| Fournisseur | *provider* | Provider / Versorger / Lieferant |
| Fournisseur d'accès, FAI | *access provider (IAP)* | Dienstleister von Zugängen |

| FRANÇAIS | ANGLAIS | ALLEMAND |
|---|---|---|
| Fournisseur de contenu | *content provider* | Dienstanbieter, der eigene und fremde Inhalte bereithält |
| .fr : suffixe = France | *France* | Frankreich |
| freeware, logiciel public | *freeware* | Freeware : kostenlose Software |
| GIF : Format de fichier graphique | *Graphics Interchange Format* | Grafikstandardformat, GIF |
| .gouv.fr : TLD des organisations gouvernementales françaises | *gouv.fr : TLD of french .governmental organ.* | .gouv.fr : TLD : franz. Regierungsstellen |
| groupe de nouvelles = news | *Newsgroups* | Newsgroups |
| hébergement - hosting | *hosting* | Hosting |
| hits : nombre de fois qu'une page Web a été consultée, taux de « cliques » | *hit : visit to web site* | Hit / Treffer: gibt an, wie oft ein Angebot aufgerufen wird |
| Host : hôte, machine serveur | *Host* | Host : «Gastgeber» |
| Hotline : ligne directe sans numéros, appel automatique | *Hotline* | Hotline |
| HTML : langage de création de pages Web | *Hypertext Markup Language* | Programmiersprache, in der Web-Seiten erstellt werden |
| HTTP : Protocole de transmission hypertexte | *Hypertext Transport Protocol* | Standard zur Übertragung von HTLM-Dokumenten |
| Hypertexte | *Hypertext* | Hypertext |
| IAP : fournisseur d'accès à Internet | *Internet Access Provider* | IAP : Firma, die den Zugang zum Internet bietet |
| Image à points | *bitmapped image* | Bitmap Grafik |
| IMAP : protocole d'accès aux messages Internet | *Internet Message Access Protocol* | IMAP: Protokoll, das es ermöglicht, E-Mails zu empfangen |
| Infoseek : moteur de recherche | *infoseek: search engine* | Infoseek: Suchmaschine |
| Interface Commun de Passerelle (CGI) | *Common Gateway Interface CGI* | Common Gateway Interface CGI |
| Interface Graphique Utilisateur | *Graphical User Interface GUI* | Graphical User Interface GUI |
| Internaute, cybernaute | *Internet-User, websurfer* | Internet-Benutzer |
| Internet: Réseaux interconnectés/ réseau international | *Internet: Interconnected Networks / INTERnational NETwork* | Internet: weltweiter Verbund von Netzwerken |
| Internet Explorer: navigateur de Microsoft | *Internet Explorer: browser of Microsoft* | Internet Explorer: Web-Browser von Microsoft |
| Intranet: réseau interne d'une entreprise | *Intranet* | Intranet: Firmeninternes Netzwerk |
| IRC : serveur permettant aux internautes de discuter en direct. Ce serveur est l'équivalent international des messageries du Minitel. | *IRC:Internet Relay Chat Server created for Chat Users* | IRC-Server: Rechner, auf denen die Software läuft, die benötigt wird, um den Internet Relay Chat in Betrieb zu halten |
| .it : suffixe = Italie | *Italy* | Italien |
| Java langage de programmation | *Java* | Java : Programmiersprache |
| .jp : suffixe = Japon | *Japan* | Japan |
| JPEG: format graphique | *Joint Photographics Experts Group* | Neben GIF das wichtigste Bildformat im Web |
| Lecteur de nouvelles | *newsreader* | Newsreader |

| FRANÇAIS | ANGLAIS | ALLEMAND |
|---|---|---|
| Lien hypertexte | *hyperlink* | Hyperlink, Link |
| liste de diffusion, courrier électr. | *mailing list* | Mailliste |
| liste de signets | *hotlist* | Lesezeichen-Liste |
| Logiciel | *software* | Software |
| Login/nom d'utilisateur à donner lors d'une connexion à un serveur | *login – username* | login – Benutzername |
| logon : désigne l'action de se connecter, d'ouvrir une session | *logon* | Logon / Login : Anmelde-prozedur bei einem Server |
| Lycos : moteur de recherche | *LYCOS: search engine* | LYCOS: Suchmaschine |
| Mail - courrier, message, | *mail* | Post |
| MailBox - boîte postale | *mailbox* | Mailbox – Postfach |
| Marché de l'emploi online/en ligne | *electronic job market* | Online-Stellenmarkt |
| masque de saisie | *search masque* | Suchmaske |
| Matériel | *hardware* | Hardware |
| Messagerie électronique | *electronic mail service / e-mail* | E-Mail |
| Méta-Moteur de recherche | *meta search engine* | Meta-Suchmaschine |
| MIME | *Multipurpose Internet Mail Extensions* | Verfahren zum Kodieren / Dekodieren von eMail |
| Modem | *modem* | Modem |
| Module d'extension | *plug-in* | Browser-Erweiterung |
| Mot de Passe, mot-clef secret pour un Logon | *password* | Passwort |
| Moteur de recherche | *search engine* | Suchmaschine |
| Mur coupe-feu | *firewall* | Firewall / Schutzwall |
| Navigateur, « fureteur » | *Browser* | Browser, / Web-Browser, «Stöberer» |
| Navigateur Netscape | *Netscape Navigator* | Netscape Navigator |
| Naviguer, surfer | *to surf the net,* | surfen, stöbern im WWW |
| Nétiquette: code de déontologie | *netiquette* | Netiquette: der Knigge des Internets |
| NetWork : Réseau | *network* | Netzwerk |
| NewsGroup, forum de discussion en ligne mais ne fonctionnant pas en temps réel | *NewsGroups* | NewsGroup, Dikussionsforum |
| Newsreader : logiciel de lecture de nouvelles | *Newsreader* | Newsreader: Programm, das dazu dient, Beiträge in den Netnews zu lesen und zu schreiben |
| Nœud | *node* | Knoten |
| Nomade : moteur de recherche | *Nomade: search engine* | Nomade: Suchmaschine |
| Numérique | *digital* | digital |
| Objet | *subject* | Betreff |
| Offline : « hors ligne » ; « hors connexion », déconnecté | *off line* | Offline |
| Opérateur booléen | *Boolean operator* | Boolscher Operator |
| .org : TLD de organ. privées | *.org : non-commerc. organ.* | .org : private, nicht komm. Unt. |

| FRANÇAIS | ANGLAIS | ALLEMAND |
|---|---|---|
| Page d'accueil | *Homepage* | Homepage |
| Page web, rédigée dans le langage HTML | *web page* | Web-Seite : Bestandteil einer Website |
| PAO : Publication assistée par ordinateur | *DTP : Desktop Publishing* | DTP : (Desktop Publishing), Layout und Druckvorbereitung von Dokumenten durch PC |
| Passerelle, entrée | *GateWay* | GateWay / Übergang |
| PDF | *Portable Document Format* | Dateiformat zum Austausch von fertig formatierten Dokumenten |
| Pièces – fichiers joints | *attachment of e-mail, file attachment* | Attachment / Anhang / Anlage |
| Pirate | *hacker /cracker* | Hacker |
| Pixel : contraction de « picture » et « element » | *pixel* | Pixel : Die kleinste Einheit eines digitalen Bildes |
| Points par pouce | *DPI : Dots Per Inch* | DPI |
| Port | *port* | Port |
| Portail | *portal* | Portal |
| Prise sécuritaire (SSL) | *Secure Socket Layer* | SSL Secure Socket Layer |
| Prodit supplémentaire, extension | *add-on* | die Add-ons |
| Programmation par objet-orienté | *OOP : Object-Oriented programming* | OOP |
| Protocole | *protocol* | Protokoll |
| Protocole Internet, IP | *IP : Internet Protocol* | Internet Protocol |
| Protocole de réception de courrier électronique POP3 | *post office control* | POP3 : Programm, das den eMail-Empfang organisiert |
| Protocole de transfert de courrier électronique | *SMTP : Simple Mail Transfer Protocol* | SMTP : Standard zur Übertragung von eMail |
| Protocole de transfert de fichiers | *File Transfer Protocol, FTP* | FTP,. Datei-Transfer-Protokoll |
| Protocole de transmission | *TCP Transm. Control Protocol* | Datenübertragungsprotokoll |
| Proxy, serveur intermédiaire | *Proxy server* | Proxy, Server mit Pufferfunkt. |
| Pull / Push | *push technology* | Push Service |
| Réalite virtuelle | *virtual reality* | Virtual Reality |
| Rechercher | *search (to)* | Suchen |
| Requête, interrogation | *query* | Query, Abfrage |
| Réseau | *network* | Netzwerk |
| Réseau (le) des réseaux | *the Net = Internet* | das Netz der Netze |
| RGB (mode - ) | *RGB : red green blue* | Rot, Grün, Blau : Das additive Farbmodell von Bildschirmen |
| RNIS : Réseau numérique à intégration de services | *ISDN: Integrated Services Digital Network* | ISDN: digitales Kommunikationsnetz |
| Robots | *robot* | Robots |
| Routeur | *router* | Router |
| Serveur | *Server, «on line data service»* | Server / Anbieter |
| SGML ; le langage HTML applique les standards établis par SGML ; XML en est un dialecte simplifié | *Standard Generalized Markup Language* | SGML: System, das Elemente organisiert und in ein Dokument platziert |

# Le CV et le dossier de candidature en allemand

| FRANÇAIS | ANGLAIS | ALLEMAND |
|---|---|---|
| Shareware | *Shareware* | Shareware |
| signature numérique | *digital signature* | Digitale Unterschrift |
| Signet | *bookmark* | Bookmark : Lesezeichen |
| Site : se dit d'un serveur web | *web site* | Site (die): Sammelangebot; |
| SPIEGEL online: site web de l'hebdomadaire SPIEGEL | *SPIEGEL online* | SPIEGEL online: Web-Site des wöchentlich erscheinenden Nachrichtenmagazins |
| STERN online: site web de l'hebdomadaire STERN | *STERN online:* | STERN online: Web-Site des Magazins STERN |
| Sujet | *topic* | Thema |
| Talk Mode, ✓ abréviations | *Talk Mode* | Talk Mode |
| télécharger ✓ | *upload / download / upload* | aufladen / abladen / runterlad. |
| TLD : désigne le pays dans une adresse Internet | *Top Level Domain* | Top-Level-Domain: bezeichnet das Land in einer Internet-Adresse |
| .uk : suffixe = Royaume Uni | *United Kingdom* | Vereinigtes Königreich |
| UMTS : système universel de télécommunication avec les mobiles | *UMTS: Universal Mobile Telecommunication System* | UMTS: Mobilfunk-Standard der dritten Generation |
| UNIX : système d'exploitation multitâche et multi-utilisateur | *UNIX* | UNIX : Multi-User Betriebssystem |
| URL : adresse électronique | *Universal Resource Locator* | Internet-Adresse im Web |
| USENET : réseau d'échange de données propre aux groupes de discussion | *USEer NETwork* | Bezeichnung der weltweit zusam mengefassten Newsgroups |
| Utilisateur, nom de l'utilisateur | *user, user name* | User: Benutzer, Benutzername |
| Vente aux enchères | *Sales by auction* | Versteigerung, Online-Auktion |
| Virus informatique | *computer virus* | computer virus |
| Voilà : moteur de recherche créé par France Télécom | *VOILÀ: search engine created by F.T.* | VOILÀ: von F.T. initiierte Such-maschine |
| VRML : langage de description de scènes en images de synthèses (3 dimensions) | *Virtual Reality Markup Language* | Standardisierte Sprache, die das Aussehen von dreidimensionalen Räumen beschreibt |
| WAIS : logiciel destiné à la récupération d'information sur les réseaux | *Wide Area Information System* | WAIS : Ermöglicht die Volltextsuche in weltweit verteilten Datenbanken |
| WAN : réseau longue distance | *Wide Area Network* | WAN |
| WAP : protocole d'accès sans fil Web / World Wide Web / WWW – la « Toile » | *WAP: Wireless Application Protocol WWW / Web* | WAP: kabelloses Zugangsprotokoll Web / WWW das Netz der Netze |
| Webmaster/-mestre : gestionnaire d'un site Web | *webmaster* | Webmaster : Der Verwalter einer Webseite |
| Webzine | *Webzine* | Webzine: eine im Internet (www) publizierte Zeitschrift |
| WYSIWYG / tel écran-tel écrit | *What You See Is What You Get.* | WYSIWYG: Was du siehst, ist was du bekommst. |
| XML: langage de programmation similaire au HTLM | *XML: Extensible Markup Language* | XML: HTLM ähnliche Programmiersprache |
| Yahoo! : moteur de recherche | *web index, search engine* | Suchmaschine Yahoo! |

# ANNEXE 6 – LA NOUVELLE ORTHOGRAPHE (DIE NEUE RECHTSCHREIBUNG)

Une mini-réforme de l'orthographe de l'allemand est entrée récemment en vigueur, officiellement.

En voici quelques règles à retenir.

La nouvelle règle qui affecte le plus – toutes proportions gardées – l'image graphique est celle concernant le double *ss* et le signe particulier *ß*. Il y a simplification :

– on écrit *ß* après voyelle longue et diphtongue. Par exemple *grüßen – der Gruß* ; *beißen*, mais *der Biss* ; *die Maße* s'oppose à *die Masse* ; *die Füße* mais *die Flüsse*, etc.

– on écrit toujours deux *ss* après voyelle brève. C'est le cas, notamment, pour la conjonction de subordination ***dass***. On a donc *müssen/sie musste* ou *wissen/er wusste* ; etc. der *Fuß* et der *Fluss*.

– on écrit *ß* après voyelle longue et diphtongue. Par exemple *grüßen – der Gruß* ; *beißen*, mais *der Biß* ; *die Maße* s'oppose à *die Masse* ; *die Füße* mais *die Flüsse*, etc.

À signaler que, en Suisse, le signe *ß* n'est toujours pas utilisé.

La règle des trois consonnes identiques. Lorsque, dans un mot composé, trois consonnes identiques se suivent, on avait coutume d'en supprimer une : *Schiff - Fahrt* → *Schiffahrt*. À présent, les trois sont maintenues : *Schifffahrt* ; pour des raisons de lisibilité, on admet le trait d'union : *Sauerstoff-Flasche* ; *Bett-Tuch*.

Pour certains mots, doublement de consonnes après voyelle brève : *nummerieren* (venant de *Nummer*) ; *Stopp* (de *stoppen*) ; Tipp (de *tippen*).

Notez: *platzieren* venant de *Platz* (et non plus *plazieren*).

Les dérivés de noms se terminant par un *-z* peuvent garder ce « *z* » : *Differenz : Differenzial/**differenziell*** à côté de *Differential/differentiell*; Essenz : **essenziell** à côté de *essentiell*; Potenz : Potenzial/**potenziell** à côté de *Potential/potentiell*; Substanz : **substanziell** à côté de *substantiell*.

Quant au – **ph** d'origine étrangère, on écriera en général – **f** :, *Biografie, Fantasie Telefon, Fotograf, Fotokopie, Mikrofon, Fantasie Telefon* etc.

Mais attention! Certains substantifs gardent le **ph** d'origine: *Phänomen, Philosophie*, etc.

Certains noms d'origine anglaise prennent au pluriel le **-s** comme en allemand : *Babys* au lieu de *Babies, Hobbys* au lieu de *Hobbies*.

Le tutoiement dans les lettres par exemple, ne sera plus marqué par la majuscule. On écrira donc **du**, **dein**, **dir** et **ihr**, **euer**, **euch**. » *Liebe Claudia, hoffentlich kannst* **du** *nächste Woche zu uns kommen! Über* **deinen** *Brief haben wir uns sehr gefreut* «.

En revanche, les formes de politesse garderont leurs majuscules: **Sie** et **Ihr**.

Les précisions journalières précédées de **gestern**, **heute** et **morgen** prennent désormais une majuscule : *gestern* **Abend**, *heute* **Morgen**, *morgen* **Nachmittag**. (Se rappeler: « demain matin » : **morgen früh**).

A noter : *am Dienstagabend, an einem Dienstagnachmittag, eines Dienstagsmorgens.*

*Recht/recht* : minuscule dans le sens de « richtig » ; par exemple : *recht geschehen, recht machen, recht sein.*

Majuscule dans le cas de « *das* **Recht** » ; par exemple : **R***echt behalten,* **R***echt bekommen,* **R***echt geben,* **R***echt haben*, etc.

On écrit désormais *auf Deutsch, auf Französisch* et non plus *auf deutsch*.

On écrit en deux mots des expressions comme *sitzenbleiben → sitzen bleiben; kennenlernen → kennen lernen*.

A noter *wie viel* au lieu de *wieviel*; (on écrivait déjà au pluriel: *wie viele*) ainsi que *so genannt* au lieu de *sogenannt* (*die so genannten Schlüsselqualifikationen*).

On peut désormais « couper » l'ensemble consonantique *–st: meis-tens, Kis-ten, flüs-tern.*

Le groupe consonantique **-ck** est traité comme **-ch** : on ne le coupe pas : *Zu-cker*

Une dernière remarque concernant la ponctuation. Les conjonctions de coordination ***und*** et ***oder*** ne sont plus obligatoirement précédées d'une virgule lorsque la proposition qui suit est une principale : *Die Eltern gingen ins Theater(,) und die Kinder blieben allein zu Hause.* Ou bien, pour l'autre conjonction : *Die Kongressteilnehmer blieben im Saal(,) oder sie gingen in die Cafeteria.*

N.B. On trouvera commodément l'ensemble de ces nouvelles règles dans la dernière édition du *WAHRIG, Wörterbuch der deutschen Sprache* (1997), en un volume, *Deutscher Taschenbuch Verlag.* Cette édition a l'avantage de reproduire les deux versions possibles de l'orthographe puisqu'une période de transition a été arrêtée allant jusqu'à l'an 2005.

L'ouvrage de référence est le *Duden*, édition 2000. Titre : **Duden – Die deutsche Rechtschreibung**, *22., völlig neu bearbeitete und erweiterte Auflage. Dudenverlag Mannheim, Leipzig, Wien, Zürich 2000, (25. August).*